餐饮精细化管理与运营系列

从零开始做餐饮

新手创业从0到1

匡仲潇 主编

化学工业出版社

·北京·

《从零开始做餐饮——新手创业从0到1》一书，对于新手创业做餐饮进行了详细的描述和解读。具体包括：了解餐饮，选择项目；做好预算，准确定位；精心选址，确保成功；合理装修，展现形象；办理手续，规范经营；管好员工，服务顾客；控制菜品，降本增效；花样促销，带动销售；卫生管控，安全保障；发展外卖，增加营收。

本书进行模块化设置，内容实用性强，着重突出可操作性，为新手创业做餐饮提供了基本的信息和指导。本书可供有志于创业开家餐饮店的创业者、餐饮店店长参照学习，也可作为餐饮培训机构、酒店类职业院校的老师和学生的学习参考用书。

图书在版编目（CIP）数据

从零开始做餐饮：新手创业从0到1/匡仲潇主编. —北京：化学工业出版社，2020.1（2024.4重印）
（餐饮精细化管理与运营系列）
ISBN 978-7-122-35194-4

Ⅰ.①从⋯　Ⅱ.①匡⋯　Ⅲ.①饮食业-经营管理　Ⅳ.①F719.3

中国版本图书馆CIP数据核字（2019）第198553号

责任编辑：陈　蕾　　　　　　　　　　装帧设计：尹琳琳
责任校对：宋　夏

出版发行：化学工业出版社（北京市东城区青年湖南街13号　邮政编码100011）
印　　装：涿州市般润文化传播有限公司
710mm×1000mm　1/16　印张14　字数248千字　2024年4月北京第1版第3次印刷

购书咨询：010-64518888　　　　　　　售后服务：010-64518899
网　　址：http://www.cip.com.cn

凡购买本书，如有缺损质量问题，本社销售中心负责调换。

定　　价：58.00元　　　　　　　　　　　　　　　　　版权所有　违者必究

前言
PREFACE

"民以食为天"。长期以来，餐饮业作为第三产业中的主要行业之一，对刺激消费需求、推动经济增长发挥了重要作用，在扩大内需、安置就业、繁荣市场以及提高人民生活水平质量等方面，都做出了积极贡献。

目前，餐饮业在发展的同时，面临着食品原材料成本上升、劳动力成本提升、管理人才匮乏、成本控制难等多方面问题，行业竞争愈演愈烈。而且，餐饮业务构成复杂，既包括对外销售，也包括内部管理；既要考虑根据餐饮企业的内部条件和外部的市场变化，选择正确的经营目标、方针和策略，又要合理组织内部的人、财、物，提高质量，降低消耗。另外，从人员构成和工作性质来看，餐饮业有技术工种，又有服务工种；既有操作技术，又有烹调、服务艺术，是技术和艺术的结合。这必然给餐饮管理增加一定的难度。

尤其是餐饮用工成本高、年轻劳动力紧缺，有人预言："至少在未来10年内，餐饮业用工难的问题一直都会存在。"因此，餐饮业的经营者、管理者需要不断优化管理方式，增强团队领导力，凝聚人心，提高管理成效和团队效能，才能抓住机遇，迎接挑战，立于不败之地。

在衣食住行这几个行当中，餐饮业似乎是创业成本最低的，无论普通打工者还是受过高等教育的人群，或者有钱没钱，都能在这一领域起步。目前，越来越多的人加入餐饮创业大军当中，但是每年有90%的人以失败告终。是什么让看似简单的餐饮创业，做起来却这么难呢？

开家餐饮店，准入门槛低，投资宜大宜小，吸引了很多创业者盲目入市。可是没开过餐饮店的人，是难以想象开店过程会烦琐到什么程度。

基于此，我们从多年的实战经验中，总结了一套基本的开店创业方案与思路，编写了《从零开始做餐饮——新手创业从0到1》一书，供读者参考学习。

本书从10章对于新手创业做餐饮进行了详细的描述和解读。具体包括：了解餐饮，选择项目；做好预算，准确定位；精心选址，确保成功；合理装修，展现形象；办理手续，规范经营；管好员工，服务顾客；控制菜品，降本增效；花样促销，带动销售；卫生管控，安全保障；发展外卖，增加营收。

本书进行模块化设置，内容实用性强，着重突出可操作性，为新手创业做餐饮提供了基本的信息和指导。本书可供有志于创业开家餐饮店的创业者、餐饮店店长参照学习，也可作为餐饮培训机构、酒店类职业院校的老师和学生的学习参考用书。

由于编者水平有限，加之时间仓促、参考资料有限，书中难免出现疏漏与缺陷，敬请读者批评指正。

编 者

目录 CONTENTS

第 1 章　了解餐饮，选择项目 1

对于一个创业者来说，在开店之前，应该对该行业进行充分的了解，并进行自我评估，看自己是否适合这个行业，如果合适，再去做相应的准备，以此达成自己的目标。在这个阶段，一定要确定好经营的方式和项目。

第1节　进行自我评估 2
　　一、是否喜欢餐饮业 2
　　二、盘点投资"家底" 2
　　三、经营者应具备的能力 2
　　四、应具备的餐饮知识 3
　　　　开店案例：盲目投资风险大 3

第2节　确定经营方式 4
　　一、个人独资经营 4
　　二、合伙经营 5
　　　　开店案例：开店，却"失去"了兄弟 7
　　三、加盟连锁 8
　　　　开店案例：签合同不谨慎，高价购买设备 10

第3节　选择店铺类型 11
　　一、新店 11
　　二、转让店 11

第4节　选择餐饮项目 13
　　一、产品经营形式 13
　　二、服务方式 14
　　三、经营产品 15

第 2 章　做好预算，准确定位 ······ 17

既然决定开店，就要做好各方面的工作。要根据自己的投资能力预估出店铺的面积，要根据店铺的大小预估出资金的需求，要根据消费群体做好店铺的定位。只有准备充分，才能为开店打下坚实的基础。

第1节　定量计算，店铺面积 ······ 18
一、投资能力预估 ······ 18
二、店面客容量 ······ 18
三、估算总销售额及毛利润 ······ 18

第2节　投资费用，提前估算 ······ 19
一、准备必需费用 ······ 19
二、留足开支 ······ 19
三、合理分配比例 ······ 20
相关链接：科学合理投资餐饮店 ······ 20

第3节　特色经营，定位准确 ······ 21
一、要有自己的特色 ······ 21
二、锁定消费群体 ······ 21
相关链接：餐饮人如何应对消费群体年轻化 ······ 22

第 3 章　精心选址，确保成功 ······ 25

餐饮业有句话，选址成功了，那你就已经成功了一半。当餐饮这个行业急速涌进过多的从业者时，竞争加倍，不仅消费者被分流，好的位置也是一铺难求。这就要求投资者要独具慧眼，为自己的店铺选择一个好地址。

第1节　商圈调查，必不可少 ······ 26
一、独立经营店 ······ 26
二、加盟连锁店 ······ 27
相关链接：一步差三市 ······ 28

第2节　店型不同，店址不同 ··· 29
　　一、不同类型餐厅的选址要求 ·· 29
　　二、不同区域选址特点 ·· 32
第3节　候选店址，多方考察 ··· 33
　　一、分析城市规划 ·· 33
　　二、市场调查 ·· 33
　　三、顾客调查 ·· 34
　　四、竞争对手店调查 ··· 34
　　　　相关链接：店铺选址应注意的细节 ································· 35

第 4 章　合理装修，展现形象 ··· 37

要想在餐饮业有一席之地，装修是迈出成功的第一步。合理的装修，能够让门店设计更合理，能够突出整体的个性和特性，能够让大家更容易记住。好的餐饮装修能带给消费者一个好的初次印象，消费者对于是否进店消费多数情况取决于这个初次印象。

第1节　好店名，无声推销 ·· 38
　　一、好店名的作用 ·· 38
　　二、餐饮店起名方法 ··· 39
　　三、餐饮店起名标准 ··· 40
　　四、餐饮店起名原则 ··· 41
　　　　开店案例：起名不当惹众怒 ··· 42
第2节　好招牌，锦上添花 ·· 43
　　一、招牌形式 ·· 43
　　二、招牌制作方式 ·· 43
　　三、招牌内容设计 ·· 44
　　四、招牌位置摆放 ·· 45
第3节　好设计，体现风格 ·· 46
　　一、店门 ··· 46

二、橱窗 ……………………………………………………………… 47
三、大堂 ……………………………………………………………… 47
　　相关链接：合理分配店面空间的原则 …………………………… 48
四、厨房 ……………………………………………………………… 49
　　相关链接：厨房设计攻略 ………………………………………… 50
五、洗手间 …………………………………………………………… 53
　　开店案例：洗手间地面有水，致老太摔跤 ……………………… 54
六、休息区 …………………………………………………………… 54
七、停车场 …………………………………………………………… 55

第4节　好氛围，提升魅力 …………………………………………… 55
一、灯光 ……………………………………………………………… 55
二、背景音乐 ………………………………………………………… 56
三、色彩搭配 ………………………………………………………… 56
　　开店案例：餐饮店，三次色彩大变身 …………………………… 56
四、陈设布置 ………………………………………………………… 57
五、餐座配备 ………………………………………………………… 57
六、温度、湿度和气味 ……………………………………………… 59

第5章　办理手续，规范经营 …………………………………………… 61

　　在决定要经营餐饮行业之前，我们先要了解一下，开一间餐饮类的店，根据国家的法律法规我们究竟需要什么手续和证件，只有了解清楚了，才能让我们的餐饮店合法合规，顺利经营。

第1节　营业执照办理 ………………………………………………… 62
一、个体户——"两证合一" ………………………………………… 62
　　相关链接：个体工商户的特征 …………………………………… 63
二、企业——"五证合一" …………………………………………… 63

第2节　《食品生产许可证》办理 …………………………………… 65
一、《食品生产许可证》申请 ………………………………………… 66

  二、《食品生产许可证》管理 67
  三、相关法律责任 69

第3节 《食品经营许可证》办理 70
  一、《食品经营许可证》申请 71
  二、《食品经营许可证》管理 73
  三、相关法律责任 74
    开店案例：伪造营业执照及食品经营许可证被查处 75

第4节 消防手续办理 76
  一、基本要求 76
  二、申办材料 76
  三、消防检查注意事项 77

第5节 环保审批办理 78
  一、基本要求 78
  二、环境影响登记表备案指南 79
  三、餐饮油烟排放管理 79
  四、噪声污染防治管理 80

第 6 章　管好员工，服务顾客 83

  开餐厅，菜品味道很重要，营销手段很重要，人员的管理更重要。因为，不论是做菜还是销售，都需要人来完成。餐饮店经营者应让员工个个有生产力，通过大家的努力和配合，完成餐饮店的经营目标。

第1节 配置员工合理化 84
  一、员工配置的原则 84
  二、影响员工配置的因素 85
  三、员工配置的方法 86
  四、厨师长的选配 88

第2节 调动员工积极性 90

  一、合理调配人力资源 ··· 90
  二、形成良好的员工参与环境 ································· 92
  三、设计合理薪酬 ··· 93
  四、进行充分授权 ··· 95
  五、完善晋升制度 ··· 96

 第3节 控制员工流失率 ··· 98
  一、员工流失的原因 ·· 98
  二、应对员工流失的策略 ····································· 99
    相关链接：海底捞员工激励案例分析 ··············· 102
  三、降低春节期间员工流失的措施 ·························· 103

 第4节 提升门店服务力 ······································· 105
  一、加强对服务员的培训 ··································· 105
  二、调动员工的服务意识 ··································· 107
  三、满足员工的需求 ·· 110
  四、提高员工的服务质量 ··································· 114

第 7 章 控制菜品，降本增效 ·· 117

  菜品是餐饮店的生命线。菜品，一是味，一是道，组合在一起叫作味道。菜品有特色，顾客喜欢，回头率高，餐饮店的生命力就强。一家餐饮店，抓住顾客的胃，就等于创造了更多的回头客，可以说离成功不远了。

 第1节 菜品开发，餐厅发展的灵魂 ···························· 118
  一、菜品的酝酿与构思 ····································· 118
  二、菜品的选择与设计 ····································· 118
  三、菜品的试制与完善 ····································· 119
    相关链接：菜品创新的规律 ······················· 123

 第2节 菜品质量，餐厅生存的基础 ···························· 127
  一、制定控制标准 ··· 127

二、质量检查与质量监督 ………………………………………… 128
　　三、菜品质量控制方法 …………………………………………… 129
　　四、有效控制异物的混入 ………………………………………… 132

第3节　菜品成本，餐厅营利的关键 …………………………… 134
　　一、生产前的控制 ………………………………………………… 134
　　二、生产中的控制 ………………………………………………… 135
　　三、生产后的控制 ………………………………………………… 136

第 8 章　花样促销，带动销售 …………………………… 139

　　为吸引顾客、娱乐顾客而举办的活动，营销学上称为办活动，即是为了促销宣传广告的目的策划的活动。无论选择哪种类型的方式，其目的殊途同归，都是为了强化自己门店在市场中的竞争力，追求最大的利益。

第1节　促销，定好价格 …………………………………………… 140
　　一、定价需考虑的因素 …………………………………………… 140
　　二、定价的策略 …………………………………………………… 140

第2节　促销，选好时机 …………………………………………… 141
　　一、节假日促销 …………………………………………………… 141
　　二、季节性促销 …………………………………………………… 143
　　三、淡季促销 ……………………………………………………… 143
　　　　相关链接：餐饮淡季怎么做促销 …………………………… 143

第3节　促销，用好方式 …………………………………………… 145
　　一、优惠促销 ……………………………………………………… 145
　　二、赠品促销 ……………………………………………………… 146
　　　　相关链接：赠送礼品的质量要求 …………………………… 147
　　三、现场活动促销 ………………………………………………… 149
　　四、食品展示促销 ………………………………………………… 150

第 9 章　卫生管控，安全保障 153

俗话说"病从口入"，饮食卫生直接关系到身体的健康。饮食卫生是餐饮店提供饮食服务非常重要的组成部分，餐饮店必须提供给客人安全、卫生的饮食。这不仅关系到餐饮店服务的好坏和信誉，更重要的是直接影响到顾客的健康。

第1节　设施设备卫生管理 154

一、供水设施 154

二、排水设施 154

三、清洗消毒保洁设施 154

四、个人卫生设施和卫生间 155

五、照明设施 155

六、通风排烟设施 156

七、库房及冷冻（藏）设施 156

八、加工制作设备设施 156

第2节　原料管理 157

一、原料采购 157

二、原料运输 157

三、进货查验 157

四、原料储存 158

第3节　加工制作管理 159

一、加工制作基本要求 159

二、粗加工制作与切配 160

三、成品加工制作 161

四、食品添加剂使用 163

五、食品相关产品使用 163

六、高危易腐食品冷却 164

七、食品再加热 164

第4节　供餐、用餐与配送管理 164

一、供餐管理 ··· 164

　　二、用餐服务 ··· 165

　　三、外卖配送服务 ··· 165

第5节　清洗消毒管理 ··· 166

　　一、餐用具清洗消毒 ··· 166

　　二、餐用具保洁 ··· 166

　　三、洗涤剂和消毒剂 ··· 167

第6节　废弃物管理 ··· 167

　　一、废弃物存放容器与设施 ··· 167

　　二、废弃物处置 ··· 167

第7节　有害生物防治 ··· 168

　　一、防治基本要求 ··· 168

　　二、设施设备的使用与维护 ··· 168

　　三、防治过程要求 ··· 169

　　四、卫生杀虫剂和杀鼠剂的管理 ··· 169

第8节　食品安全管理 ··· 170

　　一、设立食品安全管理机构和配备人员 ··· 170

　　二、建立食品安全管理制度 ··· 170

　　三、进行食品安全自查 ··· 170

　　四、投诉处置 ··· 171

　　五、食品安全事故处置 ··· 171

　　六、公示 ··· 172

　　七、场所清洁 ··· 172

第9节　从业人员管理 ··· 172

　　一、健康管理 ··· 173

　　二、培训考核 ··· 173

　　三、人员卫生 ··· 173

　　四、手部清洗消毒 ··· 174

　　五、工作服 ··· 175

第10章 发展外卖，增加营收 177

目前餐饮业已经发展到了一个经营多元化、收入多元化的阶段，"堂食＋外卖＋可流通食品商品"成为未来的发展趋势。外卖在餐饮中的地位越来越高，竞争也日趋激烈。对此，餐饮店经营者应顺应趋势，加快发展外卖业务。

第1节 权衡利弊，选择流量入口 178
一、餐饮企业自建自营外卖模式 178
二、第三方外卖平台 178
三、基于公众号开发的自建平台 180
相关链接：入驻第三方外卖平台与自建外卖平台的区别与优势 180

第2节 慎重选品，打造爆款产品 181
一、外卖品类的分析 181
二、选择品类的标准 183
相关链接：什么样的产品适合做外卖 184
三、爆款产品的特性 185
四、打造爆品的步骤 187

第3节 注重细节，完善顾客体验 189
一、设立不同的菜单 189
二、选择合适的包装 189
三、设置送餐范围及规则 190

第4节 宣传推广，提升平台销量 191
一、提升店铺的曝光率 191
相关链接：店铺如何优化搜索，让顾客更容易找到 193
二、提升店铺访问转化率 195
三、提升顾客下单转化率 198
相关链接：如何做好评价管理 201
四、提升顾客客单价 205
相关链接：餐品组合出售的原则 206
五、提升顾客复购率 206

第1章 了解餐饮，选择项目

从零开始做餐饮——新手创业从0到1

导言

对于一个创业者来说，在开店之前，应该对该行业进行充分的了解，并进行自我评估，看自己是否适合这个行业，如果合适，再去做相应的准备，以此达成自己的目标。在这个阶段，一定要确定好经营的方式和项目。

第1节　进行自我评估

在你有开餐饮店的想法，或者是正决定开一家餐饮店的时候，最好要对自我进行一次客观合理的评估。在准备开餐饮店之前，你必须慎重考虑，正确评估自身条件是否适合开餐饮店。

一、是否喜欢餐饮业

因为兴趣与爱好有助于工作的愉快和顺利开展，而热爱本职，也更有利于创业成功。当然，在考虑开餐饮店的过程中，光凭兴趣与爱好是远远不够的，至少条件是不充分的，还必须考虑自己胜任投资餐饮店的专业知识和能力等。

小提示：

如果你既是餐厅的投资者，又是经营者，还应做好吃苦耐劳的准备，餐饮业被称为"勤行"，"懒人"往往是做不到最后的。

二、盘点投资"家底"

开餐饮店要支付数额不等的接管费用、押金或加盟费等，在经营过程中还要支付一定的管理费，此外还有新店装修、房租、设备、人员工资等。没有足够的资金准备，即使开业了也是难以为继。所以，开店前应盘点一下自己的家底是否够开支。

通常，开餐饮店需支付的费用大致是：房屋租金约占营业额的10%；材料设备费约占营业额的35%；员工工资约占营业额的20%；税金和杂费占营业额的10%～15%；水电燃料和消耗品费占营业额的8%～10%；设备折旧费约占营业额的5%。无论你投资50万元或100万元，都可以如此类推进行折算。

三、经营者应具备的能力

所谓经营能力，对于经营者来说，就是具备开餐饮店的能力和特质。通常而言，餐饮店经营者应具备的能力及特质，具体如图1-1所示。

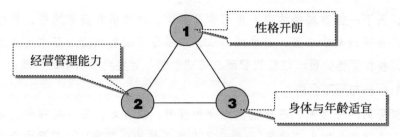

图1-1　餐馆经营者应具备的能力及特质

1. 性格开朗

经营者的性格会反映在餐馆的氛围中，如果经营者性格不够开朗，店内的氛围也会显得比较沉闷，消费者也不愿光顾。

2. 经营管理能力

经营管理能力一般表现在以下几个方面，包括决策能力、组织能力、协调能力、创新能力、激励能力、用人能力、规划能力、判断能力、应变能力和社交能力等。

市场经济的竞争性很强，餐饮企业要想在竞争中处于有利的地位，就必须使经营活动独具特色、不断创新。这需要餐饮经营者对新事物高度敏感，不但要有丰富的想象力和开阔的视野，还要有锐意进取的雄心和勇气。

3. 身体与年龄适宜

开餐馆是一项十分艰苦的工作，既需要进行复杂的脑力劳动，又需要进行较强的体力劳动；既要把握经营节奏，又要保持连续性。尤其是经营小型餐馆，通常餐馆的大小事务都要经营者亲力亲为。因此，餐饮企业管理者必须具备较好的身体素质，保持身体健康，这样才能更好地经营餐馆。

四、应具备的餐饮知识

作为餐饮投资者，必须掌握一些必要的餐饮知识，这样才不至于陷入投资失败的境地。对于内行人来说，也许不成一个大问题，对于外行人来说，却是一个关键的问题。

 开店案例 ▶▶▶

盲目投资风险大

不熟不做，这是生意场上的一句名言。

某地产商眼看目前地产行业不景气，决定转行投资餐饮，于是斥资近500

万元，买下一栋四层楼的商品房用作开餐饮、健身房和美容院等，并计划在一、二层建造桑拿浴室、美容院，三、四层为中餐餐饮店。基本定案后，才去咨询餐饮管理公司。经餐饮管理公司"诊断"后发现了以下的问题。

1. 厨房布局不合理

厨房间的洗菜池、洗碗池离煮食炉很近，换言之，日后厨师和洗菜、洗碗的杂工常常会发生"冲突"，影响了各就各位的正常操作，并且由于大楼结构上的问题，排烟通风的条件非常差，无法装设排油烟设备。

2. 没有储气间

没有加压设备和通风口。按规定，餐饮店储存一个立方米以上的液化气，应该设立专门的存放间，需要有通风、防爆等设施，输送液化气应该使用密封钢管，开餐饮店没有这个基本设备，就等于埋下定时炸弹，随时都有发生爆炸的危险，而日后也会被消防部门查封。

3. 卫生间不通风

卫生间在建筑结构上没有外窗通风，既没有按规定安设通达屋面以上的排气管，也没有安装机械排风设备。如果要完全改观，所花费的资金大约要30万元。

看到咨询公司列出的问题后，这位地产商傻眼了。没想到，投资做餐饮，还有这么多学问，真是隔行如隔山。

第2节　确定经营方式

一般常见的经营投资方式主要有个体独自经营、邀亲朋好友合伙、投靠加盟体系。如果自己拥有一套成熟的经营管理体系及经验，那么完全可以考虑独立开店；若无经验，选择合适的加盟体系，从中学习管理技巧，也不失为降低经营风险的好方法；而若有经验但资金不足，可选择有投资意向的人合伙经营。

一、个人独资经营

个人独资经营餐饮店，是指由一个自然人投资，财产为投资者个人所有，并以其个人财产对餐饮店债务承担无限责任的经营实体。

1. 适合类型

这类企业往往规模较小，以大排档、快餐、小吃店、茶餐厅、中低档酒楼居多。

2. 优势

个人独资的优势主要有以下3点。

（1）经营上的制约因素少，开设、转让与关闭等，一般仅需向工商部门登记即可，手续简单。业主在决定如何管理方面有很大自由，经营方式灵活多样，处理问题简便、迅速。由于是个人独资，有关餐饮产品销售数量、利润、出品、财务状况等均可保密，这无疑有助于餐饮店在竞争中保持优势。

（2）与法人企业不同，个人独资企业只需交纳个人所得税，不需双重课税，税后利润归个人所有，不需要和别人分摊。

（3）对投资者而言，在经营企业中获得的主要是个人满足，而不仅仅是利润，这是个人独资企业特有的优势。

3. 劣势

个人独资的餐饮店也存在无法回避的劣势，主要是由个人负无限财产责任。当资产不足以清偿债务时，法律规定企业主不是以投资企业的财产为限，而是要用投资者个人的其他财产来清偿债务。也就是说，一旦经营失败，就有可能倾家荡产。

二、合伙经营

合伙经营，也称合伙制企业，是由两个以上合伙人订立合伙协议，共同出资，合伙经营，共享收益，共担风险，并对合伙投资的餐饮店债务承担无限连带责任的经营性组织。

1. 合伙方式

合伙人可以采取货币、实物、房地产使用权、知识产权或者其他财务权利出资，经全体合伙人协商一致同意，合伙人也可以用劳务出资，各合伙人对执行合伙企业事务享有同等的权利。

2. 优势

与个人独资餐饮店相比，合伙餐饮店的资金来源较广，信用度也大有提高，因而容易筹措资金，如从银行获得贷款、从供货商那里赊购产品；合伙的业主集思广益，增强了决策能力和经营管理水平，可以大大提高餐饮店的市场竞争力。

3.劣势

不过合伙餐饮店也有劣势,具体包括以下3点。

(1)合伙人要承担无限连带责任,使其家庭财产具有经营风险,因此合伙关系必须要以相互之间的信任为基础。

(2)餐饮店的存亡因素过于集中,如果合伙业主产生意见分歧,互不信任,就会影响企业的有效经营。

(3)产权不易流动。根据法律规定,合伙人不能自由转让自己所拥有的财产份额,产权转让必须经过全体合伙人同意;同时,接受转让的人也要经过所有合伙人的同意,才能购买产权,成为新的合伙人。

4.注意事项

餐饮店合伙经营应注意以下事项。

(1)谨慎选择合伙人。选择合伙人标准如图1-2所示,这4个条件缺一不可。

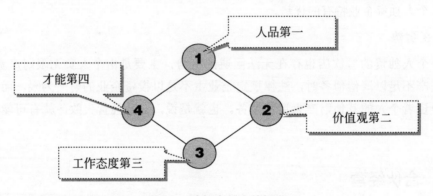

图1-2 选择合伙人的标准

(2)时刻掌握主动权。在没有看好合伙人之前,最好不要轻易合伙。即使合伙了,必须要在全部企业经营中控制主动权,如人事、财务、客户材料、上游供给商的关系等核心资源,如果出现问题时才有能力去处置,防止互相扯皮的现象,最大限度地减少经营的损失。

(3)签订具有法律效力的合作协议及商业保密协议。合作期间签订合同,可以有效防止个人私心的膨胀而导致分裂。如果有商业核心秘密,也要签订竞业保密协议,即使是再好的朋友,也要先小人后君子。

(4)对待能人的方式。有些人的能力特别好,但不一定适合当合伙人。可以采用高薪+分红方式来留人,而非用股份的合伙方式。

(5)建立良好的沟通方式。在合作过程中最为忌讳的是互相猜忌,打小算盘,这样的合作肯定不会长久。出现问题要本着真诚、互信、公心态度来解决,有什么事情放到桌面上来讨论，就事论事，大家如果都是出于公心，分歧是很容易得到解决的。

（6）处理冲突时做好最坏的打算。合伙人出现分歧，做好最坏的打算，心中有底，处理问题时就会心平气和、理性地去面对，让事情得到圆满解决。在不违反原则的前提下，要本着不伤和气、好聚好散地去处理事情，合作不成还可以继续做朋友。

（7）尽量避免双方亲戚在店里上班。在店里最好不要雇用双方的亲戚，会造成一些公私不分、闲言碎语、家事与公事感情纠缠的麻烦，会动摇合伙人之间的合作基础。

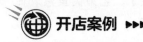 开店案例

开店，却"失去"了兄弟

小李与小王都是广西人，两人是表兄弟，从小一块儿长大，感情与亲兄弟没什么区别。小李有一手做米粉的绝活，所做的米粉在他们乡里是非常有名气的。小王则在深圳一家餐饮店做过多年的经理。

过年，小王回家，兄弟俩聊起了未来的计划。小王不想去深圳打工，想在家附近找个事情做，好照顾家人。小李一听，建议他俩到县里合伙开一家米粉店，县里虽然竞争更大，但是机会也更多。小王在餐饮店做过经理，因此主要负责店里其他事务管理，小李则一心负责后厨。兄弟俩一合计，越讲越兴奋，于是回家与家人商量，家人都很赞同，兄弟俩一起开店，比外人好多了，不用相互算计。

就这样，"兄弟米粉店"顺利开业，由于小李做的米粉味道很好，加上服务质量也不错，米粉店经营得红红火火。小李一心研究新的米粉式样，店里所有事项都由小王管理。到了年底分红时，小王给小李介绍了一年的经营情况、前后开支等，最终纯利润两人各有6万元。小李当时也没有说什么，接过钱就回家了，可是越想越不对，生意一直很好，怎么只有6万元分红呢？

回到家里，小李把这个疑问告诉了妻子。妻子没有在店里帮忙，因此不是很清楚，建议他将店里的账簿仔细核对一下。第二天，小李让小王把账簿给他看看，因为昨天时间紧，没有仔细看。小王说："还不放心我吗，兄弟？"小李说："没有，没有，我只是看看。"可是，看完之后也没有发现问题。

就这样，小李也没有多想。第二年过完春节，米粉店开始了新的一年的生意。有一天，小李打烊后发现有东西忘带了，回店里取东西，正赶上有人

送货。送货人见小王不在,就准备第二天再送来,小李说他也是老板,可以做主的。于是让送货人把货给他,结果发现有的东西价格与账簿上的相差好多,问是不是降价了。送货人说现在还涨了一点呢,去年的更便宜。小李没多说什么,就签字让送货人走了。

躺在床上,小李想着,小王家里除了小王收入没有其他收入,但是去年却添置了冰箱、彩电、洗衣机、空调等许多家电,家里也进行了装修,需要很多钱。于是越想越不对,决定留意店里的各项开支。结果,小李发现小王在许多地方做了"手脚",账簿有问题。小李也不想让双方家人产生更大的矛盾,于是与小王私底下"摊牌",建议小王撤资,自己一个人经营。小王知道自己理亏,也没有多说什么,答应了,又去外地打工去了。兄弟俩虽然表面上还是与以前一样,可是再也没有以前推心置腹的交情了。

三、加盟连锁

对于没有经验及资金不是太充裕的投资者而言,靠"借鸡生蛋",加盟一家资质好、运营模式成熟的连锁餐饮品牌成了他们的首选。不过,机会与风险是并存的,投资加入经营餐饮连锁店,投资者既可从中发掘出令人惊喜的"金矿",也有可能掉进危险的陷阱。如何选择一家优良的餐饮连锁店,便成为中小投资者开店成功的关键,所以,投资者必须把好这一关。

具有良好知名度和优秀品牌形象的餐饮连锁企业,必须具备如图1-3所示的3个基本特征。

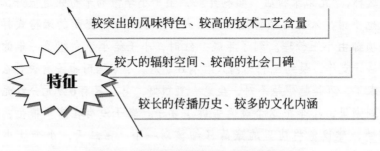

图1-3 优秀餐饮连锁企业具备的特征

作为餐饮店经营者,在加盟餐饮连锁前,要做好以下考察工作。

1. 特许经营资质审查

应向餐饮连锁企业索要并审查其备案资料,以防上当受骗。

2. 准确评估品牌知名度

选择一家拥有良好知名度、优秀企业品牌形象的餐饮连锁企业，是创业成功的必要条件。

3. 考察餐饮连锁企业的发展历史、发展阶段

一般来说，应选择较长历史的餐饮连锁企业，因为餐饮连锁企业发展越成熟，你承担的风险就越会降低。但这也不是一个绝对的参照标准，因为一些新兴业务确实有很大的发展潜力。

4. 考察餐饮连锁企业已运行的直营店、加盟店

在选择良好的餐饮连锁企业时，应充分了解其直营店和加盟店的经营状况是否良好、有无稳定的营业利润、利润前景是否具有后续性等。

5. 考察餐饮连锁企业的经营管理组织结构体系

优良的餐饮连锁企业应有组织合理、职能清晰、科学高效的经营管理组织，使各连锁店能高效运转。具体可从以下6个方面进行评价。

（1）是否具有健全的财务管理系统。

（2）是否具有完善的人力资源管理体系。

（3）是否具有新产品研发与创新能力。

（4）是否具有完善的物流配送系统。

（5）是否具有整体营运管理与督导体系。

（6）是否具有先进、科学、标准化且可复制的产品生产管理支持体系等。

6. 考察餐饮连锁企业应提供的开业全面支持

一般来说，餐饮连锁企业提供的开业全面支持应包括以下内容。

（1）地区市场商圈选择。

（2）人员配备与招聘。

（3）地区市场产品定位与地域性产品开发。

（4）业前培训。

（5）开业准备。

7. 考察餐饮连锁企业的加盟契约、手册

加盟契约是规定企业与加盟店的关系及加盟权利义务的法律文件，也是特许经营业务发展形式的基础，是特许体系得以发展的依据；而加盟手册则是加盟店日常经营的纲领性指导文件。

一般来说，餐饮连锁企业应同意加盟者带回审阅7个工作日，加盟者可从以下7方面加以判断：公平性、合理性、合法性、费用承受性、地域性限制、时效性、可操作性等。

8.考察加盟店的成功率

应考察加盟店的成功率，一个成熟的加盟系统需要长时间的经验积累和管理系统的不断完善，在正常经营的情况下，关店的情况并不多。

> **小提示：**
>
> 如果一个加盟系统出现多个关店的情形时，无论是个体经营的失误，还是其他什么原因都应考虑放弃。

9.考察其他加盟店的经营状况

弄清加盟总部是否有两家直营门店和一年以上经营，有供他人有权使用的商标；必须要求联系现有加盟商，并亲自前往探究经营状况。

条件允许的话，可以"伪装"为当地食客多考察几天，对加盟店铺的营业面积、服务员工、食客反响作一个细致的分析。

10.考察加盟费用是否合理

每个加盟企业拥有自己的加盟费用标准，一般情况下是不可讨价还价的。考察加盟费用是否合理，最重要的是要看投资回报率。可以参照其他加盟店的回报率，如果觉得此系统加盟店的回报率达到自己的要求，那么加盟费用就基本上是合理的。

 开店案例

签合同不谨慎，高价购买设备

小王一直有个理想，就是哪天自己不再打工，当个小老板。几个月前，小王看到了网上一个特色小吃加盟店的加盟广告，他动了心，广告称只要8000元左右就可以加盟一家特色小吃店，特许人除了技术转让外，还提供相应的器具。小王了解到，由于特色小吃店的投资小、技术容易掌握，所以很受小本投资者的欢迎。于是，小王兴致勃勃地向特许人交了8000元的加盟费，并签订了合同。

随后，该特许方要求小王除了要向他们进原材料外，还要求锅、炉等设备也要一起购买，一个普通的锅要卖700元，两个就要1400元。小王质问特许方："合同上不是写着由该公司提供相应器具吗？"但对方却回答："合同上并没有说免费提供器具。"小王顿时无语。他想：加盟费都已经交了，退是不可能了，不能因为两个锅就不干了吧！后来经过讨价还价，两口锅以1200元成交。小王后来了解到，一模一样的锅市场上每个仅售300元。小王发现自己上当后，把特许方告上了法庭，最后获得了相应的赔偿。

第3节 选择店铺类型

当决定了自己的经营方式之后，接下来的事情则是要选择店铺了，是重新开一家全新的店呢？还是从别人手中接手一家现成的呢？具体分析如下。

一、新店

如果是选择重新开一家店，则要从前期的选址、装修等各项事务全程介入。具体的操作见本书后面内容。

二、转让店

从别人手中接转让店时，如果不小心在接手"转让店"的时候误入陷阱，搭上时间精力不说，搞不好，还要增加经济损失，更严重者，还会惹上官司，徒增烦恼。所以必须搞清楚以下问题。

1.原店不再经营的原因

首先要弄清原店不再经营的原因是什么，并要分析这些原因是否会对自己的接手经营造成负面的影响。

2.转手者是房东还是租赁者

如果是房东出租场地，那么，要请房东拿出有效的产权证，根据产权证，对房屋的建筑面积、结构等情况进行检查，避免张冠李戴、以假乱真。如果是租赁者转让餐饮，必须请房东出面共同商议，分清楚哪些东西是房东的，哪些东西是租赁者的，三方当面清点，出具文字凭据，签字画押，方可深谈。

3.这个地方是否能开餐饮店

不要单方面只听信"转让者"的话，有条件的话，应该到房产、消防、公安、环保、街道等部门了解一番。另外，餐饮店周边的居民对餐饮店经营什么态度至关重要。一方面，周边居民是未来的消费准顾客，忽视不得；另一方面，居民现在的环保意识、维权意识非常强，居民不满意，上访、诉讼、上门争辩、媒体曝光，都有可能出现。

4. 是否有历史遗留问题

要亲自到自来水公司、电业局、环保局、煤气公司、供热公司等单位了解水费、电费、环保费、煤气费、供热费的缴纳情况，如果未交清，请转手者将剩余部分缴纳完毕，并将交费发票出示，看清确认后复印留存，妥善保管。停水、停电、停气，无论停哪一样，都会让你无法营业。

5. 是否有违法违纪记录

亲自到工商管理部门、税务部门了解工商管理费、应缴纳税款是否缴纳完毕，有否罚款，如果有的话，请转让方到相关部门缴纳完毕，并将相关票据复印留存，妥善保管。工商管理费、应缴税款如未交齐，有可能面临营业执照作废、停办营业执照、罚款等相应处罚。

6. 与前员工是否有经济纠纷

联系以往与餐饮有关的单位和人员，通报餐饮租售情况，尽可能查清餐饮店的工资、贷款、担保、抵押、应付账款和经济纠纷情况，分清责任，避免在以后的经营中发生纠纷。因在转让时，很多员工跟着一起"转让"，所以一定要分清账。

7. 设备能否继续使用

确认厨房设备及空调类等机件设备是否仍可继续使用。原物件转让的优点是厨房设备仍然可使用，但如果因出品种类不同，使厨具无法继续使用，其优点就不存在。另外也应该要事先确认，经过长期使用的厨房设备，其功能是否正常。一般的厨房设备使用超过5年，其使用价值就自然降低。

8. 是否设置排烟、空调方面的条件

确认该店是否设置了排烟、空调方面的条件。有些餐厅也许会因店面的限制或大楼结构上的问题，而无法装设必要的设备，或是装设费用大幅度超过预算等，这些都要注意和弄清楚。

9. 装修转让事宜是否合理

餐厅内部设备及机件等均属内部装修转让，这些都需要转让金，但其转让金额是否合理也必须仔细研究分析，这样才能胸有成竹地上马，不打无把握之仗。

> **小提示：**
> 当自己是外行时，最好是请专业的公司或专业人士予以帮助，否则，所造成的损失也许是无法估计的。

第4节　选择餐饮项目

项目的选择很重要，比如，是选择川菜、湘菜、粤菜还是东北菜，是开个快餐店、清粥小菜店、卤味店，还是开个时尚餐厅、冰果室等，这不仅决定投资者的成功及失败与否，而且还有可能影响到投资者今后事业的发展。

一、产品经营形式

1. 风味餐饮店

风味餐饮店主要通过提供独特风味的菜品或独特烹调方法的菜品来满足顾客的需要。一般来说，风味餐饮店主要包括以下4种。

（1）专门经营某一类食品或菜肴的餐饮店，如风味小吃店、面馆、海鲜餐饮店、野味餐饮店、烧烤餐厅等。

（2）专门经营某一地方菜系的餐饮店，如川菜馆、粤菜馆、潮州轩、湘菜馆、北京餐厅等。

（3）经营某一国的风味菜品，如法式餐厅、意大利餐厅、日本料理、韩国料理等。

（4）供应顾客某一特殊需要的菜品，如素菜馆、清真餐饮店、藏餐厅、药膳等。

2. 主题餐饮店

主题餐饮店主要是通过装饰布置和娱乐安排，追求某一特定的主题风格，创造一种就餐氛围招揽顾客，如文化餐厅、摇滚餐厅、足球餐厅、汽车餐厅等。

到主题餐厅就餐的顾客主要是为了获得整体感受，而不仅仅是食品饮料本身，所以这类餐厅提供的餐饮品种往往有限，但极富特色。

3.快餐店

快餐店是提供快速餐饮服务的餐厅。这类餐厅的规模并不大，菜品种类较为简单，多为大众化的中、低档菜品，并且多以标准分量的形式提供。近年来，人们的生活节奏日益加快，快餐店无论在数量上还是在销售额上都增长很快。快餐店一般包括中式快餐店，如上海的新亚快餐；西式快餐店，如麦当劳、肯德基等。

二、服务方式

1.餐桌服务型

在我国，餐饮店大多数都是餐桌服务型，所占份额最大，一般称为酒楼、饭馆之类的餐饮店大都采用这类服务方式。这类餐饮店经营品种丰富，菜品以当地人乐于接受的菜系为主，兼营具有地方特色的其他菜系菜品，适合大众口味。餐饮店内一般辟有大厅区、包厢区、雅座区等不同区域，以满足团队顾客、会议顾客、婚宴、散客等不同顾客的需求。

2.自助型

（1）传统自助型。我国餐饮企业借鉴西式冷餐会站立服务的模式，根据顾客的需求，洋为中用，中西结合，除西式冷餐外增添了中式热菜、烧烤等，并增添了桌椅供顾客自由选择就座，深受中外顾客欢迎。

（2）火锅自助型。火锅是中国传统的餐饮形式，据考证，在唐代人们就使用"陶制火锅"。自助火锅是在传统火锅的基础上结合现代餐饮的设施设备、器具以及服务方式而形成的具有现代特色的餐饮方式。自助火锅原料一般由顾客自选自取，并按各人口味配以辅料烹制及品尝。

（3）超市服务型。超市餐饮借鉴于零售业中超市的布局原理，即开架陈列、自我服务等方式，是以"餐饮商品"为经营内容的超级市场。餐饮布局采取透明化、开启式，分为进食区、食街区、操作区及就餐区。

消费者既可以自选熟食食用，也可选半成品或鲜活食品，厨师提供现场烹制服务。顾客不仅可以观看厨师表演，还可以参与烹饪，趣味盎然，气氛热闹。

3.吧台服务型

餐厅中吧台和吧凳替代了传统的桌椅，顾客坐在吧凳上边点菜边用餐。采用这种经营形式的餐厅，工作台一般沿墙摆放，成直线形或半圆形，顾客通过玻璃柜台选择自己喜欢的食品，并坐在柜台外的吧凳上等候现场烹制。采用吧台服务型餐饮店经营的菜品种类一般较为简单，烹制也较为容易，需要时间较短。

4.无店铺服务型

无店铺服务型是指没有固定的场所提供就餐,只有流动的厨师、流动的美味佳肴的餐饮企业服务形式。这类餐饮企业只需一间办公室,一个原料加工车间,而无需餐厅与餐位。顾客只需要电话预订,厨师就会带足原料前往顾客的家中提供上门服务,现场烹制。这类无店铺服务的流动餐厅被称为是餐饮店向家庭的延伸。

三、经营产品

1.正餐类

提供正餐类菜品的餐饮店一般只提供午餐与晚餐,且午餐与晚餐的菜单相同。这类餐饮店提供各种风味菜系,是最常见的一类餐饮店。

2.面点、小吃类

中国人喜爱各类面食与小吃,在北方尤为突出,所以以经营面点、小吃为主的餐饮店也非常普及。

3.饮料茶点类

经营各种饮料茶点的茶馆、酒吧、咖啡馆、冰激凌屋是人们休闲会友的重要场所。各种各样的休闲茶馆、酒吧各具其趣,深受顾客的欢迎。

第 2 章 做好预算，准确定位

 导言

既然决定开店，就要做好各方面的工作。要根据自己的投资能力预估出店铺的面积，要根据店铺的大小预估出资金的需求，要根据消费群体做好店铺的定位。只有准备充分，才能为开店打下坚实的基础。

第1节 定量计算，店铺面积

一、投资能力预估

确定餐饮店的面积首先取决于投资能力。在你的投资预算中，有一大部分资金用于房租。即使你的餐饮店有一个理想的面积标准，但是如果房租超过你的预算范围，你也只能放弃。如果房租预算能合乎你所投资范围之内的标准，那么，餐饮店的面积当然越大越好。

二、店面客容量

计算店面的客容量，就是确定所选的店面可以安排多少座位和有效经营时间。因为店面内要有厨房等操作面积以及库房和卫生间等辅助面积、通道，除去这些面积后才是可以用于经营的餐饮店面积。一般营业面积通常为总面积的50%～70%。每一个座位所占面积因餐台形式不同而不同。

比如4人长方形餐桌每一座位约占0.5平方米；8人和10人圆餐桌每座约占0.7平方米；12人圆餐桌的每座约占0.8平方米；包间每座约占1～2平方米。

投资者可以利用上面的数据计算一下大概的座位数。比如，假定餐饮店不设包间，餐饮店营业面积占整个餐饮店面积的60%，每一个座位平均占位0.6平方米，餐饮店的总面积为120平方米。那么可以安排的座位数为：

座位数总面积×营业面积所占的比例÷每一个座位平均所占的面积＝
$120 \times 60\% \div 0.6 = 120$（个）

如果在这个餐饮店里面增加两个外包间，每一个包间的面积为10平方米，各设10个座位，那么可以安排的座位数为：

座位数＝$10 \times 2 + (120 \times 60\% - 10 \times 2) \div 0.6 = 107$（个）

设置包间虽然减少了座位总数，但是包间的人均消费要高于大堂，所以总的收入应该上升而不是下降。

三、估算总销售额及毛利润

按照人均消费额来估算餐饮店每天预期的总销售额和全年的毛利润。人均消费额是指顾客每餐可能承受的消费金额,这是由顾客的收入水平决定的。人均消费额要通过市场调查来确定。不同的地区、同一城市不同的区域、同一区域不同的消费群体,由于收入水平的差异,其人均消费额都有所不同。

假如,通过市场调查,确定自己所经营的餐饮店的顾客人均消费额为10元,选取每餐每一座位只上一次顾客为预期的一般经营状况,即一般应当实现的经营状况,则120个座位每天可接待240位顾客,每人平均消费10元,全天的预期销售额为2400元;全月的预期销售为42000元;全年预期的销售为504000元左右。毛利润是指菜品价格扣除原、辅料等直接成本后利润所占比率。一般来讲,餐饮企业的毛利润率大概为40%左右。

因此,上述例子中的毛利润为:

全年毛利润＝504000×40%＝201600（元）

只有通过综合考虑餐饮店的投资能力、房租价格、座位容量、消费水平和利润标准,并进行定量的计算后,才能确定合理的餐饮店面积,以获取更多的利润。

第2节　投资费用，提前估算

在确定餐饮店的规模之后,接下来就得估算是否有开餐饮店足够的费用或启动资金。目前,由于市场经济的不断变化,餐饮业的竞争越来越大,许多餐饮店难以维持经营,有的只好廉价出让,5万～10万元的餐饮店亦不少见。另外,要是投资新开一家餐饮店,则投资费用较大,具体费用还得根据地段、房租及装修的程度来定。那么,作为餐饮投资者应该怎样判断投资资金是否足够呢?具体分析如下。

一、准备必需费用

通常,餐饮店开张所需的费用有房屋租金、材料设备费、人员工资、管理杂费、水电燃料费用等。

二、留足开支

投资者在预估费用时,除了投资餐饮店的必须资金外,还应考虑所剩下的资金是否能够维持自己的个人或家庭所需的生活费用。

由于投资餐饮店具有一定的风险,因此应做如下考虑。

(1) 如投资在10万元以下,可考虑取个人或家庭全部资金的1/3或50%。

(2) 如投资开餐饮店过10万元的,可考虑取全部资金的60%～70%。

(3) 投资开餐饮店过百万元的,可考虑取全部资金的80%～90%。

(4) 投资开餐饮店过千万元的,可考虑取全部资金的95%以上。

小提示:

投资餐饮店毕竟是利益与风险同在,在投资的同时就必须安排好自己及家庭的生活,只有解除了后顾之忧,创业才能有保证。

三、合理分配比例

一些餐饮店在资金运用上的普遍不足是固定资产和流动资产的比例失调,如把太多的钱投入难以变现的资产上,比如,过多地采用购买的形式投资房产、设备。实际上,对大多数新的餐饮店来说,租赁是一种更好的选择,租赁可减少最初现金的支出。

相关链接

科学合理投资餐饮店

如果自己的确拥有富余的资金,要想科学而又合理地投资餐饮店,不妨借鉴下面3点建议。

1. 投资在所熟悉的区域内

将餐饮店投资在自己所熟悉的区域内,这样不仅可以更好地评估投资对象的无形资产,也可以使自己少承担风险。如投资的地点可考虑位于两小时的车程以内,因为这个地方通常自己比较熟悉及关注。

2. 请有经验的咨询公司参与策划

通过请有经验的餐饮咨询策划管理公司参与策划,从中获得一些优惠政策,加强投资信息的沟通与联络,利益共享,使自己的企业在餐饮市场中占有成长最快的领域。

3. 做好后续投资打算

如果是合伙经营,自己是股东之一,且投资的餐饮店打算日后开连锁店,

> 则应预留一些资金作为第二轮及第三轮投资，否则，自己的股权将在后续融资中被稀释。如首期每投资10万元，应当预留20万～30万元作为后续投资。

第3节　特色经营，定位准确

开店赚钱的途径就是要满足顾客的需求，以使顾客购买自己的商品或服务。投资餐饮店也是一样，要想成功，就必须准确定位，有自己的经营特色，才能投资有道。

一、要有自己的特色

目前，餐饮市场上的小餐饮店，从菜肴上看，多数是川菜、湘菜、粤菜等。餐饮店要想盈利就要有自己的招牌菜，也就是自己的拳头产品，以创造顾客来店的理由。

犹如孩子顺利降生，如何养育学问很大，考虑不周孩子也可能夭折。因为，无论是什么层次的消费者在口味上都有"喜新厌旧"的本能，只要味道好，越是有自己的特色，越能吸引络绎不绝的顾客，使餐饮店长盛不衰。

比如，广州一家主营"煲仔饭"和"蒸饭"的餐饮店老板认为："投资餐饮店必须要有自己的'招牌菜'，我店的特色就是'荷叶蒸饭'，因为味道独特，所以生意一直很火。"

二、锁定消费群体

一般小餐饮店的规模都不算大，如果定位准确，基本没有什么风险。

位于某大学城一家经营面积不足30平方米的餐饮店，定位的目标消费群体就是大学城的学生。该店老板张女士的投资理念是：方便学生消费群。她觉得，学生在学校是不可能自己做饭的，所以在大学周围开餐饮店基本不用愁客源，只要是快餐、小吃的品种多一些，学生一放学就会前来光顾。

张女士还颇有体会地说："每天一到吃饭时间，我恨不得店面再大上几十平方米。顾客排队吃饭是常有的事，倒不是因为我的饭菜特别好吃，主要是比较符合学生的口味和消费水平。如快餐一般是6元一份,并可以在几个炒菜中任意选择,而且分量也足。"

张女士的投资成本主要有:店铺每月房租4000元;人员工资和各项支出,每月约8000元;张女士的快餐店开业至今已有5年,日平均营业额1500元左右,纯利润大概为500元,每月的利润基本为15000元左右。

投资小餐饮店是小本生意,老板靠的就是精打细算。采购、收银都是自己一个人忙活,还有很多琐碎的事情也得自己操心,所以生意一直不错。

在上例张女士的餐饮店附近也有不少餐饮店,经营品种大多是包子、饺子、馄饨面等方便快捷的食品,这非常符合学生的饮食需求。一家馄饨面店的老板透露:"来这儿吃饭的基本都是学生,客源比较稳定。"

由此可见,在学生区和购物广场、火车站等繁华路段开设餐饮店,菜品的特色和口味尤为重要。此外,经营者还应在服务、环境等方面多下工夫,想办法把相对流动的顾客变成固定消费者。

相关链接

餐饮人如何应对消费群体年轻化

随着人均收入水平的不断提高以及消费观念的转变,年轻消费群体逐步形成规模并且占据消费主导地位,高颜值、圈子、娱乐至上、时尚与传统、自我体验等标签在餐饮行业应运而生,要打动消费者,餐饮人必须先了解消费者。

那么,如何掌控年轻消费者的消费习惯?

1. 注重打造餐饮社群文化

未来餐饮也将趋于社群化,谁能抓住粉丝,谁就赢得天下,玩不转粉丝经济的餐饮企业,将寸步难行。高级营销简单点来说,做的就是"粉丝经济",是一种人文情怀。

所谓"社群化",就是擅长给粉丝分类,把有共同价值观、共同兴趣爱好,同一年龄段的人分成一个群体部落,它围绕的不是门店、不是产品、不是理念,而是"走心"的交友,融入、互动、玩,最后建立信任,再分享产品,实现人与人之间的情感交易。

那么,如何打造餐饮社群文化呢?方法如下。

(1)建立自己的微信粉丝群:通过社群互动,来加强与粉丝之间的情感交流,通过活动来增强粉丝的黏性,提升餐厅的复购率。

（2）打造产品类社群，可以让用户参与到产品设计中来，比如让成员推荐自己喜欢的口味，或为新品取名等。

（3）策划优惠活动：除了一些现金红包，还可以用代金券、折扣价等代替现金红包，在控制成本的同时，也让红包更有意义。

2.打造年轻客户群社交圈

餐饮品牌想要年轻化，就要学会和年轻人做朋友。其实可以和90后员工多聊聊。如果一个方案、味道他们喜欢，相信大多数90后会喜欢；如果一个活动他们愿意主动参与，相信大多数90后也会参与。

那么，又该如何打造年轻客户群社交圈呢？方法如下。

（1）首先，在开餐厅选址就需要进行多方位的考察，找到年轻人群体客流量大的地方，观察年轻客户群的消费习惯。

（2）其次，多去和身边的90后群体聊一聊，了解他们的生活模式，甚至很多餐厅的营销方法可以让他们一起参与思考。

（3）再次，餐厅在进行人员招聘时，尽量招聘90后员工，多和员工们打交道，了解他们的消费心理和消费需求。

（4）最后，在就餐结束后，针对消费者的就餐体验，作一个意见调查，以便于及时获得有效反馈。

3."娱乐至上"，学会构筑消费热点

娱乐消遣在90后的生活中必不可少，满足着年轻人的精神消费需求。人人都愿意为自己认为值得的东西买单，所以无论是新鲜的刺激还是持续的愉悦体验，一切他们感兴趣的娱乐方式，都可能转化成为消费热点，而构筑热点关键就是要学会蹭热点。

（1）关注当下流行趋势。餐饮经营者要学会为自己的品牌打造热度。不管是流行词汇，还是一些流行物品、歌曲、软件App，包括流行的游戏等，所有可以利用上的元素都可以合理地利用起来，给消费者留下一个与时俱进的时尚餐厅的印象。

（2）营销活动的创新。如何打动这些"娱乐至上"的年轻消费人群，餐饮企业需要在营销活动中突破，比如很多餐馆推出的抖音活动大赛、热门游戏比赛等。

4.以"就餐体验"替换"装修风格"

未来门面装修只能作为风格基础，只决定你餐厅的类型，而不再决定你餐厅的客流，就餐体验才是决定你餐厅命运的主宰。而所谓的就餐体验，是指用户从进门那一刻,所感受到的东西,这就需要餐饮经营者做到以下3点。

(1)注重餐厅的视觉设计。包括起一个别具一格的餐厅名称;打造一个特色的餐厅招牌;设计和自己产品定位相关的装修环境;打造开阔的开放厨房玻璃区域;一些精致的餐具、特色的摆盘,以及硬件设施等。

(2)打造独特的就餐方式。包括点餐方式、支付方式;通过节目表演加强与顾客之间的互动;包括打造菜品的特色吃法,教顾客怎么去吃;甚至还有一些特色的服务,比如停车服务、美甲服务等。

(3)打造体验营销餐厅。比如国外有家拍照餐厅,它在用户的盘子上做文章,在盘子上安装可旋转移动的手机支架,让客户吃饭之前,将手机放在支架上,可以360度无死角拍摄美食,分享到社交平台。

5.用数据营造快节奏的用餐体验

消费升级的时代,对于年轻消费者,仅凭菜品口味已经很难达到享受需求的高度,智能化用餐体验已经逐步深入人心。

(1)未来的用餐场景一定会逐渐趋于智能化。想要吃饭了,打开手机客户端,收到推荐的新餐厅,是根据自己的就餐记录和兴趣标签智能推荐的;饭前网上预定,点餐像电影选座那样,选择好座位后,餐厅会问几点钟把菜上齐,还是只上凉菜;用餐结束后,手机直接进行支付,可以直接离开,做自己想做的事。

(2)餐饮品牌将用不同方式连接人类的情感。未来餐饮品牌、餐厅、美食,将会以生活方式的角度来重新思考和呈现,将用不同方式连接人类的情感,达到一定程度的共识和共鸣。

比如:轻食餐厅可能会因倡导轻食主义的人俱增而兴起;旅游和餐饮跨界联姻,在稻田里开餐厅、民宿,在森林里开树屋餐厅,在防空洞里开火锅店;无手机餐区;生态餐厅等。

第3章 精心选址，确保成功

从零开始 做餐饮——新手创业从0到1

导言

餐饮业有句话，选址成功了，那你就已经成功了一半。当餐饮这个行业急速涌进过多的从业者时，竞争加倍，不仅消费者被分流，好的位置也是一铺难求。这就要求投资者要独具慧眼，为自己的店铺选择一个好地址。

第1节　商圈调查，必不可少

所谓商圈，是指餐饮店铺对顾客的吸引力所能达到的范围，即来店顾客所居住的地理范围。独立经营与连锁店的调查方式又是有所差别的，因此在明确了餐饮店经营方式之后，就要有针对性地进行商圈调查。

一、独立经营店

1.商圈调查因素

通常，影响餐饮业商圈的半径距离的因素主要有：当地人口密度、附近竞争餐饮店、餐饮店供应菜品的吸引力、顾客交通方式、餐饮店声誉、地区经济发展水平、消费者饮食消费习惯、消费娱乐的群聚效应、餐饮店的地理位置、单店服务与产品的创新力度。

对于商圈的研究与分析，是餐饮投资者在开业前必需的准备工作。

2.商圈研究分析策略

通常，投资者在分析某餐饮商圈时，应着重注意分析以下的基本情况和特点，并注意研究应对的策略。

（1）商圈区域差异性。通常，要发现两个"基本"相同的商圈是非常困难的，中国传统的"十里不同风、百里不同俗"，这在餐饮消费区域特征上表现得尤其突出，造成商圈情况的千差万别。一个相同的餐饮产品组合在不同的商圈，其境遇可能是天壤之别。如同样是经营火锅店的同一商圈里，因为装修环境、材料采购、价格等的异同因素，其经营效果就往往不同。所以，应对的策略是要设计好自己的经营特色，使自己与众不同。

（2）餐饮消费需求变化。餐饮业"跟风"的现象，在各地餐饮市场都很普遍，大的如餐饮业态，小的如时兴菜式，很多消费者都会如"赶场"似的进行追赶，先行的餐饮经营者在匆忙掘得"第一桶金"后，又被迫进入"微利"时代，这里面浸透了众多餐饮经营者对餐饮商圈竞争快速变化的无奈。

小提示：

在商圈内引导消费，培育市场以创导流行，如目前风头较劲的西式快餐、韩国料理餐饮店及富有地方特色的民族餐饮等，此类餐饮店将暂时独领风骚。

（3）餐饮消费心理需求。通常顾客消费的忠诚度都较低，在餐饮消费上一种普遍的心态就是"换口味"或"尝新"，同样的餐饮经营方式对于消费者而言往往会有多种选择，造成商圈内某些餐饮店优秀的策划方案短期内即被完全释放，而沦为"平庸"。这需要餐饮人与时俱进，不断创出新菜肴、新口味，引领饮食潮流，满足餐饮消费者的潜在需要。

（4）出品质量要求高。餐饮经营从原料采购、厨房生产到餐饮店服务，环节众多且基本靠手工完成，任何一个环节出现问题都有可能导致投诉的发生，出品监控与管理的要求相当之高，在同一个商圈内企业很难获得长期高品质的美誉。因此要不断提高餐饮技术含量和配套管理，赢得声誉，保持良好的竞争力。

（5）保持良好的口碑。餐饮经营具有极强的区域性，餐饮店面对的都是商圈内的顾客，要保持顾客较高的"回头率"，在很多时候成为餐饮成功经营的关键。因此，要注意保持知名品牌对具体商圈的"号召力"，并让顾客通过"体验"来认同，使餐饮店的口碑在餐饮商圈内传播。

（6）形成品牌。餐饮店一般不具备向高科技要品牌的条件，只能通过加强厨房技术力量、提升经营管理水平、塑造企业形象、完善对客服务等因素展开，而这些因素具有较强的可变性、不确定性和可控性差的特点。因此，形成品牌的第一要素就是要练好"内功"，并要经得起时间的考验。

二、加盟连锁店

餐饮投资者要投资经营连锁餐饮店，必须注意对商圈的选择，务求将风险值降到最低，因为连锁店的商圈具有以下3个特征。

1. 无同类餐饮形式存在

连锁餐饮店单店进入的商圈尚无同类餐饮形式存在，分店的经营形式或产品组合具有唯一性。若连锁餐饮店单店进入的商圈已存在类似餐饮形式的竞争对手，那就是商圈内竞争的问题。连锁餐饮店比拼的基础来自以下两点。

（1）如何充分利用规模优势与总部的支撑优势。

（2）如何做好分店的"属地化"工作。

2. 不断出现竞争对手

连锁餐饮店单店所在商圈不断出现新的竞争对手，先期进入的餐饮店必然面临后来者的挑战，商圈竞争态势将可能在短期内发生剧烈变化，如果短期内商圈餐饮消费规模得不到提升，商圈情况就会恶化。

优势餐饮店将通过不断创新，提高服务、管理、企划、营销等手段获取相对竞争优势，而这种优势的获得将是非常艰难的，事实上"蛋糕"被分食是不可避免的，连锁餐饮店一般在理论上将单店的收回投资期定为12～18个月，不会超过两年，也是基于餐饮竞争实际的考虑。

3.各种因素处于剧烈变化之中

某些地区餐饮商圈因各种因素处于剧烈变化之中。我们通常将商圈分为成熟商圈与不成熟商圈，对于不成熟的商圈又涉及两种较为普遍的状况。

（1）中心城市的不断延伸及卫星城的大量兴起，使得一大批边缘地区的餐饮商圈迅速崛起而产生大量商机，这是"利好"消息。

（2）中心城市的"空心化"现象，使本就成熟的餐饮商圈缺乏上升动力甚至是处于不断萎缩之中。

这两种情况在同一城市有可能同时发生，资本的趋利性会驱使部分餐饮店"走出去"以求生存与发展。

相关链接

一步差三市

古语有"一步差三市"之说，也就是开店的地址差一步就有可能差三成的买卖，而什么样的地址才是一个好的店铺选址范围呢？选择店面的前提是先要搞清楚自己的市场定位，不同的市场定位必然面对不同的消费群，商圈的选择也就发生了不同。

1. 城市

某连锁餐饮企业在计划进入某个城市时，首先通过自己专业的部门，收集当地的资料，比如附近有多少常住人口和流动人口，有多少办公大楼、学校，常住人口的年龄、收入，社区的质量等，再用一套通过多年经营经验总结出的分数标准，对已知资料打分，选择出最佳的店面地址。

2. 商圈

在选出的地址中挑选相对成熟和稳定的商圈，比如城市规划局说某条地铁要开，将来三四年后这附近会成为当地著名的商圈，但是一定要等它成熟稳定之后再进入，虽然说三四年后这家店有可能会有很好的效益，但是这三四年间怎么办，难道就让他亏损吗，每一家连锁店铺，必是加盟总部和加盟商呕尽心血之作，决不能冒这种险，一定会采取比较稳健的做法，保证开一家成功一家。

3.店址

在确定的商圈之内选择具体的店址。

首先确定商圈内最主要的几个聚客点在哪；在这个区域里，人流线路是什么样的；在固定时间段内，通过的人数是多少，路窄的话，需要把路对面的人流也算进来。有停车场的话，需要计算开车的人数。一定要派专门的人员，对计划开店地址前的人流量进行详细的记录，再通过系统的测算工具，计算出此店的投资限额以及效益情况。考虑人流的主要路线是否会被竞争对手截断，因为现在人们的品牌忠诚度还不够高，既然可以在这家吃，为什么还要走这么远去你那家，当然除了别人那已经满员。所以在人流的主要路线上，假如你的竞争对手选址情况比你好，必然会影响餐饮企业的效益。

第2节 店型不同，店址不同

一、不同类型餐厅的选址要求

餐饮店有不同类型，因此其选址要求是有一定差异的。一定要根据自己所开餐饮店的类型，来选择适合的店址。

1.连锁快餐店

连锁快餐设有中央厨房，管理经营难度高于传统餐饮业。连锁快餐店的销售过程是：原料→加工→配送→成品→销售。然而传统餐饮业则是：原料→加工→成品→销售。连锁快餐店的选址要求见表3-1。

表3-1 连锁快餐店的选址要求

序号	考虑因素	具体要求
1	商圈选择	客流繁忙之处，如繁华商业街市、车站、空港码头，以及消费水平中等以上的区域型商业街市或特别繁华的社区型街市
2	立店障碍	连锁快餐店需消防、环保、食品卫生、治安等行政管理部门会审，离污染源10米之内不得立店，相邻居民、企业或其他单位提出立店异议也能成为立店障碍

续表

序号	考虑因素	具体要求
3	建筑要求	框架结构，层高不低于4.5米，配套设施电力不少于20千瓦/100平方米，有充足的自来水供应，有油烟气排放通道，有污水排放、生化处理装置，位置在地下室或一楼、二楼、三楼均可，但忌分布数个楼面
4	面积要求	连锁快餐店的面积最好是200～500平方米

2. 普通餐馆

普通餐馆的选址要求见表3-2。

表3-2 普通餐馆的选址要求

序号	考虑因素	具体要求
1	商圈选择	普通餐馆分为商务型和大众型两种餐馆类型；商务型的普通餐馆以商务酬宾为销售对象，一般选址在商务区域或繁华街市附近，或其他有知名度的街市；大众餐馆以家庭、个人消费为主，一般选址在社区型或便利型商业街市
2	立店障碍	开设餐馆须经消防、环保、食品卫生、治安等行政管理部门会审后，方可颁照经营，周边邻居有异议而无法排除的也能成为立店障碍；餐馆必须离开污染源10米以上，对较大餐馆，消防部门会提出设置疏散通道要求；店铺门前有封闭交通隔离栏、高于1.8米的绿化，以及直对大门的电线立杆均为选址所忌
3	建筑要求	餐馆为个性化装饰、布置，各种建筑结构形式均适合开设餐馆，但减力墙或承重墙挡门、挡窗除外；餐馆门前须有相应停车场；餐饮应具备厨房污水排放的生化处理装置以及油烟气排放的通道
4	面积要求	大众型餐馆面积为80～200平方米，商务型餐馆面积从150～5000平方米均可

3. 粉、面馆

粉、面馆的选址要求见表3-3。

表3-3 粉、面馆的选址要求

序号	考虑因素	具体要求
1	商圈选择	面馆是中式普通快餐的经营形态，原料加工半工厂化，制面、和面、切面等工序在工厂里完成；面馆宜选择交通支道、行人不少于每分钟通过10人次的区域
2	立店障碍	立店障碍与餐馆相同
3	建筑要求	面馆建筑要求与餐馆相同
4	面积要求	30～200平方米

4. 火锅店

火锅店的选址要求见表3-4。

表3-4　火锅店的选址要求

序号	考虑因素	具体要求
1	商圈选择	火锅店是以大众消费为主的餐饮业态形式，选址于人口不少于5万人的居住区域或社区型、区域型、都市型商圈
2	立店障碍	与餐馆相同
3	建筑要求	框架式建筑，厨房可小于餐馆营业面积的1/3，其余同餐馆，楼上商铺也可以
4	面积要求	120～5000平方米

5. 茶坊、酒吧、咖啡屋等

茶坊、酒吧、咖啡屋等的选址要求见表3-5。

表3-5　茶坊、酒吧、咖啡屋等的选址要求

序号	考虑因素	具体要求
1	商圈选择	消费者进入茶坊、酒吧、咖啡馆的动机是休闲或是非正式的轻松谈话，主要是以文化、情调、特色，以及舒适和愉悦来吸引消费者的，因此其选址往往是高端商圈，具有清净、优雅的环境，消费对象具有一定的消费能力和文化修养
2	立店障碍	（1）须经消防、治安、食品卫生等行政管理部门会审同意方可颁照经营 （2）在噪声较大、邻里投诉时，环保部门也会介入进行管理 （3）酒吧属于高档消费范围，收取"消费税"，政府管理部门，包括规划、治安、消防等部门加以严格审核
3	建筑要求	（1）布置和装饰有个性化与艺术化要求，但对建筑结构形式无特殊要求，根据创意、设想而异 （2）层高不低于2.8米，电力按每100平方米10千瓦配置，有自来水供应 （3）如与居民相邻，最好设置隔音层
4	面积要求	50～400平方米

二、不同区域选址特点

作为餐饮店经营者，在选择店址时，应配合该地段的特点，选择与之匹配的经营方法。

1. 商业区

商业区是约会、聊天、逛街、购物、休息等人群云集的场所，是开店最适当的地点，但也是大量投资的地段。选择商场或商业大厦周边开餐饮店，这些地方购物人群广泛，客源也相对丰富。

商业区的人虽然是以购物为主，但也有一部分人需要休闲和就餐。针对有些顾客购物时间紧迫，餐饮店的经营内容应以中、西餐和快餐形式为主，用餐方法上要求简单，时间上求一个"快"字。所以选择在这样的地区开餐饮店，应以中式快餐或大排档形式为好。

2. 办公区

所谓办公区是指办公楼、写字楼比较集中的区域。在这里上班的大多经济实力丰厚，一般用餐消费不太注意价格，但很关注饭菜的质量。在这种地区选址开餐饮店，应注重管理水平、技术水平和服务态度。

3. 居民区

如果要在居民住宅群和新建小区经营餐馆，餐馆的环境要朴实无华、干净明快，经营的品种应多样化，多开办一些家常菜、烤鸭、饺子、小吃等菜品，要求质高价低、菜量十足、经济实惠并有新意，适合工薪阶层的需求。

小提示：

在居民区开餐厅，应注意厨房的排烟以及噪声等可能给居民带来的生活不便，在选址时就应照章办事，以适应环保的有关规定。

4. 学生区

在学校院区内或周边地区选址开餐饮店，也会有可观的经济效益。中小学校周边所建餐饮店则应考虑到经济条件和用餐特点，要集中力量保证学生的早餐和午餐的供应，尽量安排经济实惠的营养型的配餐。对于学生，要求菜品分量要大致够吃，做到荤素搭配、价格便宜，使大多数学生都能接受。

5. 城郊区

随着居民收入水平的大幅度提高，人们的生活水平也随之大提升，并把餐饮消费当作一种交际或享受，很多人把目光转移到郊外。因为郊外有新鲜空气、青草绿树，有平时难以享受到的郊野情趣。另外，近几年随着有车一族的快速增长，在休息日、节日，很多人都喜欢开车到郊外宽阔的地方去就餐、游玩。

选址时应避开市政设施建设的影响。选择开餐饮店的周边地区，尽量避开市政施工或绿化工程，尤其是租赁的餐饮店应确保其不在拆迁红线范围内，事先要走访有关部门，详细调查核实后方可决定。切记勿盲目从事，造成不可弥补的损失。

第3节　候选店址，多方考察

妥善选择开店地点将决定你店铺的未来前途，因此，在开业前就要对未来店铺的发展做到心中有数，这也就需要对候选地址进行调查。

一、分析城市规划

在对餐饮店的开设地点进行选择时，分析城市建设的规划是必要的。一个城市规划是对整个宏观大环境的分析，既包括短期规划，又包括长期规划。

小提示：

有的地点从当前分析是最佳位置，但随着城市的改造和发展将会出现新的变化而不适合设店；相反，有些地点从当前来看不是理想的开设地点，但从规划前景看会成为有发展前途的新的商业中心区。

因此，餐饮店投资者必须从长考虑，在了解地区内的交通、街道、市政、绿化、公共设施、住宅及其他建设或改造项目的规划的前提下，作出最佳地点的选择。最后，餐饮店投资者还要对店铺未来的效益进行评估，主要包括平均每天经过的人数、来店光顾的人数比例、每人消费的平均数量等。

二、市场调查

作为餐饮店经营者，在选址前，应做好市场调查，并将其用调查报告的形式记录下来，以随时了解市场行情，选择一处好的地段经营。

三、顾客调查

1.消费者外出就餐倾向调查

对居住地居民有关年龄、职业、收入以及外出就餐的倾向把握,以调查可能的商圈范围。以学校或是各种团体和家庭为对象,或是依据居住地点以抽样的方式进行家庭抽样调查。采用邮寄方式或直接访问均可。主要调查项目是居住地点、家庭结构、成员年龄、职业、工作地点、外出就餐消费倾向。

2.逛街者就餐动向调查

在预定设店地点对实际进店的消费动向进行调查,以把握餐饮业的消费潜力。主要方法是预定设店地点步行人数的抽样调查,或是餐饮店主要顾客的调查,在调查地点通过的行人,依一定时间段采取面谈方式,时间以10分钟以内为佳。主要调查项目是居住地、年龄、职业、逛街目的、使用交通工具、逛街频率、就餐动向。

3.顾客流动量调查

在预定设店地点对日期、时间流动量的把握,作为确定营业体制的参考。调查预定地点流动的15岁以上的人,可与逛街者就餐动向调查并行,依时间、性别加以区分。

四、竞争对手店调查

在顾客调查完成后,餐饮店投资者还必须做好自己店铺所处商圈现在的竞争对手与潜在的竞争对手的调查,具体见表3-6。

表3-6 竞争对手店的调查方法

调查事项 \ 类别	调查目的	调查对象	调查方法
竞争店构成	竞争对手店构成的调查,以此作为新店构成的参考	设店预订地商圈内竞争对手主要菜肴及特色的调查	针对餐饮店使用面积、场所、销售体制的调查,以便共同研讨
菜品构成	针对前项调查再进行菜品构成调查、对商品组成项目的调查,以作为新店铺菜品类别构成的参考	着重对主要菜品进行更深入的调查	主要菜品方面,着重于菜品质的调查

续表

类别 调查事项	调查目的	调查对象	调查方法
价格水平	对于常备菜品的价格水平进行调查，以作为新店铺的参考	针对常备店铺的菜品，对达到预订营业额或毛利额标准的菜品进行调查	投资者应着重于菜品的价格、数量进行调查，尤其是旺季或节假日繁忙期间的这种调查更为必要
客流量	对于竞争店铺出入客数的调查，以作为新店铺营业体制的参考	出入竞争店的15岁以上的消费者	与顾客流动量调查并行，以了解竞争店一个时间段、日期段的客流量，尤其注意特殊日期或餐饮店餐桌使用率的调查

 **相关链接**

店铺选址应注意的细节

好的餐饮店地址就等于一座好的金矿，因此餐饮投资者必须慎重选择，这就需要付出一定的时间和精力。一旦决定开店，投资者必须对所选地点做全面地考察，了解该区人口密度、人缘等。开店选址是很讲究的，一般应该掌握以下细节。

1. 街道类型

街道是主干道还是分支道、人行道与街道是否有区分、道路宽窄、过往车辆的类型以及停车设施等。

2. 地价因素

虽然一个店址可能拥有很多满意的特征，但是该区域的地价也是一个不可忽视的重要因素。

3. 选择人口增加较快的地方

企业、居民区和市政的发展，会给店铺带来更多的顾客，并使其在经营上更具发展潜力。

4. 选择较少横街或障碍物的一边

许多时候，行人为了要过马路，因而集中精力去躲避车辆或其他来往行人，而忽略了一旁的店铺。

5. 选取自发形成某类市场地段

在长期的经营中，某街某市场会自发形成销售某类商品的"集中市场"，事实证明,对那些经营耐用品的店铺来说,若能集中在某一个地段或街区,则更能招徕顾客,因为人们一想到购买某商品就会自然而然地想起这个地方。

6.以经营内容为根据

餐饮店所经营的产品不一样,其对店址的要求也不同。有的店铺要求开在人流量大的地方,比如快餐店,但并不是所有的餐饮店都适合开在人山人海的地方,比如主题餐厅,就适宜开在安静一些的地方。

7."傍大款"意识

把餐饮店开在著名连锁店或品牌店附近,甚至可以开在它的旁边,与超市、商厦、饭店、24小时药店、茶艺馆、酒吧、学校、银行、邮局、洗衣店、冲印店、社区服务中心、社区文化体育活动中心等集客力较强的品牌门店和公共场所相邻。

比如,将店开在麦当劳、肯德基的周围,因为这些著名的洋快餐在选择店址前已做过大量细致的市场调查,挨着它们开店,不仅可省去考察场地的时间和精力,还可以借助它们的品牌效应"捡"些顾客。

8.位于商业中心街道

东西走向街道最好坐北朝南;南北走向街道最好坐西朝东,尽可能位于十字路口的西北拐角。另外,三岔路口是好地方;在坡路上开店不可取;路面与店铺地面高低不能太悬殊。

9.租金及交易成本

餐饮店的租金及交易成本是不可忽视的细节,如果租金太高,利润无法支付租金,那还不如选择放弃更好。

10.停车条件

如今,由于私家车的普及化,越来越多的人会选择自驾车前来用餐,因此在选址时,一定要注意留有足够的车位,这样才可以吸引更多的顾客。

11.可见度

可见度是指餐饮店位置的明显程度。要考虑顾客是否从任何角度看,都能获得对餐饮店的感知。餐饮店可见度是由从各地驾车或徒步行走来进行评估的。餐饮店的可见度直接影响餐饮店对顾客的吸引力。

12.规模及外观

餐饮店位置的地面形状以长方形及方形为好,土地利用率更高。在对地点的规模及外观进行评估时也要考虑到未来消费的可能。

第4章 合理装修，展现形象

从零开始做餐饮——新手创业从0到1

导言

要想在餐饮业有一席之地，装修是迈出成功的第一步。合理的装修，能够让门店设计更合理，能够突出整体的个性和特性，能够让大家更容易记住。好的餐饮装修能带给消费者一个好的初次印象，消费者对于是否进店消费多数情况取决于这个初次印象。

第1节　好店名，无声推销

店名是区别众多餐饮店的核心，代表着一个餐饮店的形象。由此可见，好店名会带来好财运。在我国，餐饮店的名称五花八门，如酒楼、酒家、酒馆、饭馆、饭庄、餐饮店、小吃店、小吃部、面馆等。

一、好店名的作用

对于餐饮店来说，一个好店名具有如图4-1所示的作用。

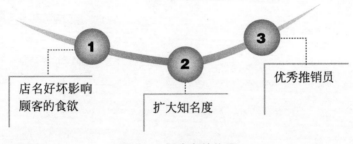

图4-1　好店名的作用

1.店名好坏影响顾客的食欲

顾客在打算购买食品时，需要进行一定的分析、鉴别，选择应该吃什么，不应该吃什么。而且顾客在餐饮活动中，表现的是自我品尝，但实际上是在"购买需要"，这种需要，既有物质的需要，也有精神的、心理的需要。

由此可见，顾客的购买行动，都在受心理活动的影响。在顾客的心理活动中，对于餐饮店店名的认知和判断，属于非常重要的一部分。在用餐前，顾客作选择时会想到店名，并根据店名作出区分和判断。

2.扩大知名度

好的店名，有利于为餐饮店打开销路，产生"名牌效应"。如果餐品、饮品好但店名不佳，就会影响顾客的食欲。顾客普遍有这样一种心理：凡是闻名的餐饮店，其所有产品都会是好的。所以好店名有利于餐饮店用已经打响的产品来带动其他相关产品的销售。

3.优秀推销员

餐饮店走向餐饮市场，其所传送的第一条信息，就是自己的店名。当顾客走进餐饮店时，需要接收和获取很多与购买有关的信息，而首先接收和获取的信息，就是为自己提供产品和服务的餐饮店的名字，这种关系，决定了店名必须成为餐饮店的"优秀推销员"。

二、餐饮店起名方法

常见餐饮店起名方法有如图4-2所示的5种。

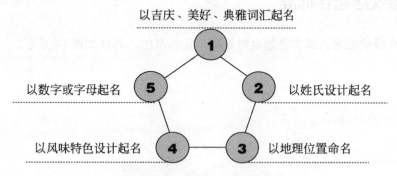

图4-2　常见餐饮店起名方法

1. 以吉庆、美好、典雅词汇起名

这种命名方式通过对人们的美好祝愿来吸引顾客。如"吉祥"餐饮店、"好运来"酒家、"状元楼"饭店、"乐惠"餐饮店、"梦圆"茶座等。

2. 以姓氏设计起名

用姓氏为餐饮店起名早已有之，如谭家鱼头、羊蝎子李、王嫂啤酒鱼、李二娃大碗菜等。这些餐饮店共同的特点就是不但让店名突出自己的姓，而且还从店名中能体现出其经营的具体内容。如王嫂啤酒鱼，不但知道店主名叫王嫂，而且其特色是"啤酒鱼"；李二娃大碗菜，一听就知店主李二娃所经营的是湖南货真价实的大碗菜。

3. 以地理位置命名

以一个城市的区、县或街巷命名的餐饮店也不为少见，好处是突出地区，了解餐饮店的地理位置和方位，就餐更容易找到。如太原酒家，一听就知道地处太原的大酒家。为了使顾客就餐方便，经营者给餐饮店起店名时，应把其店的详细地址和方位告诉顾客。

4. 以风味特色设计起名

有些餐饮店设计店名时不但有姓氏、地区，往往最主要的还是尽量突出自己的经营内容和具体的风味特色。如供应老北京面食的"老北京炸酱面大王";供应正宗川菜的"正宗重庆火锅城""菜根香素菜馆"等。

5. 以数字或字母起名

如以一至十、从百至千的数字起名法。像"一品茶堂""两义轩""三鲜烧麦馆""四海酒家"等,以此类推。

三、餐饮店起名标准

一个好的店名,其实在起名时是有一定标准的,具体如图4-3所示。

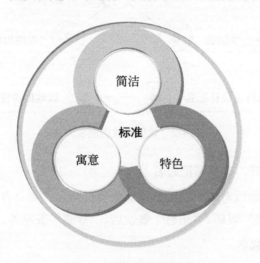

图4-3 餐饮店起名标准

1. 简洁

餐饮店名称越简洁、明快,就越容易与消费者进行信息沟通,容易使顾客记住,并且餐饮店名称越短,就越有可能引起顾客的遐想,含义更加丰富。

所以,店名字数以五个字为限。一些众所周知的餐饮连锁企业,如肯德基,以及国内的小肥羊、乡村基、永和豆浆等,名字都很简洁,且容易让人记忆。

比如,麦当劳的英文名称、日文(片假名)名称以及汉字(中国分店的标志)的标准字,都设计得相当简明易读,让人一目了然。

2. 寓意

取名字也就是为了满足人们某种心理上的美好愿望。通常那些吉利、有好征兆并能带来好财运的名字会成为人们的首选目标。

很多经营者在起店名时，喜欢用直截了当但比较俗气的名字，其内心希望自己的餐厅能赚大钱。

比如"招财""进宝"等，这些名字往往会不经意地流露出唯利是图的经营心态，有时会引起一些顾客的反感，进而导致顾客减少。

3.特色

（1）注意餐饮店的层次。明确开餐饮店的规划、目标客源的层次之后，再确定自己餐饮店的名字。如果名字与规模不相符，不但高消费顾客会不屑一顾，也会让普通顾客"望名却步"，使人无法信赖。

比如，一般的餐饮店起名为××大酒楼、××大厦。

还有些餐饮店在起名时费尽了心思，总想与名牌餐饮店混淆，采用移花接木以及音同字不同的手法起店名。

比如"谭佳菜"与谭家菜、"全聚得烤鸭店"与全聚德烤鸭店、"大糖梨烤鸭""大全梨烤鸭"与大鸭梨烤鸭等，这样很容易惹上侵权嫌疑官司的。

（2）店名与风味相结合。餐饮店的名字不仅能暗示自己的经营特色和项目，还能使顾客很容易地发现餐饮店的与众不同，从而吸引更多消费者，财源滚滚自不必说了。

（3）风格独特却不怪异。有趣但不过分怪异的名字有时能引起人们的好奇，但通常来说，这类风格怪异的名字只被少数人接受，往往简易平实的店名比怪异另类的店名更容易让顾客记住。

四、餐饮店起名原则

餐饮店经营者在给店铺起名时，应遵循如图4-4所示的原则。

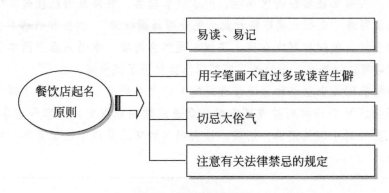

图4-4　餐饮店起名原则

1. 易读、易记

无论餐饮店用什么店名（应符合《企业名称登记管理规定》）都应以汉字表示。应以易读、易记、朗朗上口为宜，使顾客一听到店名便能听得清楚明白不发生歧义。

如"新兴烤鸭店"，听后很容易被理解为"兴兴烤鸭店"或"星星烤鸭店"；再如"百百万酒楼"很容易让人听成"白百万酒楼"，这些店名都不可取。

2. 用字笔画不宜过多或读音生僻

笔画较多或读音生僻的店名会给一般的顾客增添不必要的麻烦，像"冉冉家常菜馆"。也就是说，在给餐饮店起名时用词应简洁并使用正规的简化字。

3. 切忌太俗气

有些名字不但听起来不那么舒服，而且也缺乏文化修养，甚至有些店名会让顾客产生误解。

如"吃着看餐饮店""实心饺子店""吃不了兜着走餐厅"及"威虎山土匪鸡店"等，对于那些不能产生良好效果的店名，应尽量不予起用。

4. 注意有关法律禁忌的规定

政治影响不好的店名会使顾客产生误解，如"东洋饭店""民国火锅城""大日本餐厅""支那火锅店"等，这些店名会对社会造成不良的影响，都应严格禁用。

 开店案例 ▶▶▶

起名不当惹众怒

重庆某家正在装修的火锅店，为了吸引顾客，装修期间就挂起了横幅揽客，上面写着"支那火锅即将开业，免费赠汤圆红酒"。其怪异的店名引起了市民的公愤，很快有网友在网上倡议：集体去用餐，吃喝完后用两本历史书来埋单即可。没多久，当地的工商部门出面扯下了该横幅。

根据我国《企业名称登记管理规定》第九条规定：企业名称不得含有有损于国家、社会公共利益或可能对公众造成欺骗或误解的内容和名字。"支那"是国外对中国的蔑称，所以，该火锅店的店名是通不过工商部门的审查注册的。

第2节　好招牌，锦上添花

一个好的店名能为餐饮店赢得八方来客，而一个好的招牌也能为餐饮店锦上添花，增加潜在顾客，因此，设计一个好的招牌势在必行。招牌是餐饮店风味、位置、名号以及特色最重要的宣传方式。

一、招牌形式

直立是招牌通常都采用的形式。常见的造型形式有横长方形、竖长方形、异形（如长圆形、多面体、弧顶形等）、字形等。除竖长方形外，其余形式都设置在餐饮店门面的正上方，与门头有机地结合为一体；竖长方形则根据餐饮店的建筑结构设置于餐饮店的一侧或借用上层建筑物设置。

二、招牌制作方式

招牌制作方式有表4-1所列的5种。

表4-1　招牌制作方式

序号	制作方式	具体说明
1	透明材料灯箱	使用灯箱布、透光板等专用的透光材料做面板，使用金属材料做框架，用日光灯做光源，有造价低、制作和施工简便、易维护等优点，但也有易褪色、缺乏变化和动感等不利的一面
2	字型灯箱	使用有机玻璃做面板，按照店招字型每个字制作一个灯箱，有机玻璃常用的颜色以红、橙色居多，因为这两种颜色不但在白天比较美观，对人有刺激食欲的作用，而且其光波穿透力强、传播远，在夜间的效果更佳；字型灯箱的缺点是所反映的内容受到限制，所以多竖立在餐厅门面的最高处，优点是灯箱可以两面透光，以达到夜间在远处能够醒目的目的
3	霓虹灯	使用霓虹灯管做光源，将其制作成各种文字、图案，并可通过控制器按一定的规律变化，是夜间效果最好的形式，缺点是制作费用较高，霓虹灯管的寿命较短，耗电量大，维护、运作费用相当高，且霓虹灯只有夜间效果

续表

序号	制作方式	具体说明
4	串灯	又称满天星、瀑布灯，专门用于烘托门面的夜间气氛，在夏天开办餐饮店门前夜市时又可做照明用，在设置时比较灵活，可沿屋顶、墙壁设置，也可如搭凉棚般制作类光棚顶，此类灯价格便宜但寿命较短
5	灯笼	大红灯笼高高挂，可以营造出餐饮店祥和、喜庆、热烈、隆重的气氛，既可做装饰用，又可做照明用，但需要经常清理尘土和维护、更换

三、招牌内容设计

招牌在日间和夜间效果的设计上，有日间和夜间效果基本相同的，也有效果完全不同的。

1.文字

招牌的传统模式都是以汉字为主，还可以根据需要适当增加民族文字、汉语拼音、外文。文字内容除名号外，可适当增加宣传餐饮店风味、特点的内容，但要言简意赅。如"正宗麻辣烫""陕西面皮""内设雅座""工薪价格""时令海鲜""新派粤菜"等。

招牌内容表现常用的字体有以下5种。

（1）隶书：秀丽、古朴、典雅。

（2）行书：潇洒、飘逸。

（3）楷体：规范、工整、大方。

（4）魏碑：端庄、沉稳。

（5）使用的其他美术字体有宋体、黑体、仿宋、圆体、琥珀体等，各有不同的优点，但有比较呆板的缺陷，因此，字体应根据餐饮店风格而定。

> **小提示：**
>
> 文字要尽量使用规范的简化汉字，在大城市尤为重要，已被列入市容监察管理的范围。若是名人用繁体字书法题写的字号，可将其作为餐饮店的标志使用，而招牌仍要用规范简化字作为正式文字。

2. 图案

抽象的图形和写真图案统称为图案。抽象的图形可以是店标，也可以是和餐饮有关的图案；照片等写真图案经过计算机处理后，做成精美的招牌，独具时代魅力。

3. 颜色

招牌一般都采用多种颜色的组合，因此要注意颜色配合的效果，基本色调要与餐饮店门面的色调协调一致。以表现主题为目的选择色调或与餐饮店的主色调保持一致都是选择颜色的理想方法。

结构设计主要考虑尺寸、外形、材料以及安装位置和可靠性等，同时足够的抗风能力也是设计中尤为重要的指数。

4. 内容

餐饮店招牌的内容在设计时，一定要注意以下4个事项。

（1）招牌的字形、大小、凹凸、色彩应统一协调、美观大方，悬挂的位置要适当，可视性强。

（2）文字内容必须与本餐饮店经营的产品相符。

（3）文字要精简，内容立意要深，并且还需易于辨认和记忆。

（4）美术字和书写字要注意大众化，中文及外文美术字的变形不宜太过花哨。

四、招牌位置摆放

餐饮店经营者在摆放餐饮店招牌时，可以设置在餐饮店大门入口的上方或实墙面等重点部位，也可以单独设置，离开店面一段距离，在路口拐角处指示方向。

餐饮店招牌摆放方法见表4-2。

表4-2　餐饮店招牌摆放方法

序号	距离	招牌高度	举例
1	人站在餐饮店前离招牌1～3米	应在0.9～1.5米之间	落地式招牌或橱窗、壁牌等
2	开车经过路中央，或行走在道路对面离餐饮店5～10米	应在3～6米之间	餐饮店的檐口招牌
3	车从远处驶近，距餐饮店建筑物200～300米	应在8～12米之间	麦当劳的"M"形独立式招牌，及高挂的旗、幌子和气球等

一般餐饮店为了便于各个方向、距离的行人或过往车辆认知，分别设置高、中、低三个位置的招牌。

比如，"江西民间瓦罐煨汤"在古色古香的店门外用匾额、高处悬挂的红色灯笼、放在地面上的大瓦罐作为餐饮店的招牌，不同的位置既提高了餐饮店的认知度，又制造了独特的气氛。

第3节　好设计，体现风格

餐饮店外部的店门、橱窗，内部的大堂、包间、厨房等设计与布局，是展示餐饮店风格的一个重要因素。由于餐饮店内部各部门对所占用的空间要求不同，所以在进行整体空间设计与布局的时候，既要考虑到顾客的安全、便利，以及服务员的操作效果等，又要注意全局与部分之间的和谐、均匀，体现出独特的风情格调，使顾客一进餐饮店就能强烈地感受到美感与气氛。

一、店门

常言道"万事开头难"，而大门则是顾客进入消费场所的头关，因此顾客进出门的设计是十分重要的。

1.设计形式

一般情况下要根据具体人流制定餐饮店大门并确定其安放点，考虑门前路面是否平坦、有无隔挡，有无影响餐饮店形象的物体或建筑物。比如，要注意垃圾筒设置的位置，垃圾筒要放在拐角处，既不影响餐饮店的卫生，又便于清理垃圾，最好顾客不易看到。另外还要注意采光条件、噪声及太阳光照射方位等因素的影响。

2.质地选材

硬质木材，或在木质外包上铁皮或铝皮是小型餐饮店店门所使用的材料，因为它制作较简便。铝合金材料制作的店门，富有现代感，耐用、美观、安全。无边框的整体玻璃门透光好，造型华丽，适合大型豪华餐饮店使用。

3.其他因素

餐饮店的店门应当具有开放性，设计应力求明快、通畅的效果，方便顾客进出。

餐饮店入口空间是顾客的视觉重点，设计独到、装饰性强的入口对顾客具有强烈的吸引力。餐饮店入口的设计方法见表4-3。

表4-3 餐饮店入口的设计方法

序号	类型	具体内容	特点	设计方法
1	封闭式	入口较小，面向人行道的门面以橱窗、有色玻璃或门帘等将店内情景遮掩起来	这种店门可以隔绝噪声，阻挡寒暑气和灰尘，但不方便出入，容易让顾客产生不够亲切的心理感受	一般来说，采用此种方式来设计店门的餐馆很少
2	半封闭式	入口比封闭式店门大，玻璃明亮，顾客从大街上可以清楚地看到店内的情景	既能吸引顾客，又利于保持店内环境的适当私密性	大型餐馆由于店面宽、客流量大，采用半封闭式店门更为适宜；气候条件较恶劣的地区，也适合采用半封闭型的店门
3	敞开式	店门向外敞开，顾客出入店门没有障碍，使公众对餐馆的一切一目了然	有利于充分显示餐馆内部环境，吸引顾客进入	小型餐馆可以根据其经营特色和不同的地域气候选择不同的敞开形式

二、橱窗

一个风格独特、构思新颖、装饰美观、色调和谐的餐饮店橱窗，不仅与整个餐饮店建筑结构和内外环境构成了立体画面，还能起到美化餐饮店和市容的作用。

（1）橱窗横向中心线最好能与顾客的视平线相等，整个橱窗陈列的食品、菜肴都在顾客的视野中。

（2）在橱窗设计中，必须考虑防尘、防热、防雨、防晒、防风等，要采取相关的措施。

（3）橱窗建筑设计规模应与餐饮店整体规模相适应。

三、大堂

1.空间分隔

餐饮店大堂空间分隔有多种形式，具体见表4-4。

表4-4 大堂分隔形式

序号	常用的形式	诠释	优点
1	灯具分隔	以灯具分隔有一种隔而不断的感觉，效果特殊，灯具的布置起到了空间分区的作用，这是西餐馆和酒吧室内环境设计的常用手法	灯具分隔既保持了整体空间的连续性，又形成了顾客心理上的私密性，而且空气流通良好，视野开阔
2	软隔断分隔	用垂珠帘、帷幔、折叠垂吊帘等分隔大堂	软隔断富丽、高档，一般适用于档次较高的时尚餐馆
3	通透隔断	通常用带有传统文化气息的屏风式博古架、花窗墙等隔断，将大堂分隔成若干个雅座	具有文化气息，一般适用于档次较高的时尚餐馆
4	矮墙分隔	矮墙分隔能给就餐者一种很大的心理安全感	人们既享受了大空间的共融性，又在心理上保持了一定的隐秘性
5	装饰物分隔	花架、水池以及铺地材料的变化都能起到分隔空间的作用	装饰物的设置与通透的隔断或柱子一样，丰富了室内空间的层次，又没有视觉障碍，利于餐馆感觉的变幻，且不至于乏味
6	植物分隔	植物本身是一种充满生机的分隔体，隔而不断，可以使空间保持完整性和开阔性，植物还可以调节室内空气，改善室内温度，增加顾客视觉和体感上的舒适度	植物分隔不仅可以美化餐馆环境，还可保持一定的独立私密空间，使顾客在店内感到舒适、自由

2. 设计风格

对大堂的设计，不同的主题有不同的风格，可以从地方风情特色入手，从情感入手，采用温柔的色调体现浪漫情调等，从顾客的生活特征入手，如以鲜明、对比强烈的色调体现快速的生活节奏，以优雅的环境体现休闲等。

相关链接

合理分配店面空间的原则

店面内部空间一般分为三部分，即营业面积，包括餐台、通道、吧台或收银台等；操作面积，包括厨房、凉菜间、面点间等；辅助面积，包括办公室、财务室、库房、卫生间、员工宿舍等。

餐饮店根据自身情况,可比较灵活的规定,只要达到相应的卫生、安全要求即可。在店面空间的分配上,以下原则是必须遵循的。

1. 营业面积

通道要保证发生紧急情况时便于人员疏散,通道宽度要保证顾客和服务人员通行方便;餐台之间的距离要根据餐饮店的档次,疏密得当,餐饮店档次高的要求相应宽绰,档次低的可以紧凑一些,切忌为盲目增加座位数量而使顾客感到不舒服;根据所确定目标消费群体的情况合理设置包间的数量,以避免包间营业率低的状况出现。

2. 操作面积

要有充足的空间,保证员工的工作互不干扰和便于清理卫生。凉菜、面点在有条件的情况下应单独设置操作间,如果餐饮店面积较小,也要将其与厨房的其他部分分开,并予以封闭;燃料要有单独存放的位置;出菜口要在厨房和大堂之间,既要联系紧密又要有一定的缓冲;最好在厨房后门设置废弃物出口。

3. 辅助面积

辅助面积包括财务室、库房和员工宿舍等。这些单位最好不要与营业区相通,要单独封闭。财务室、库房要加装防盗门窗;尽可能地设置卫生间,卫生间已成为吸引顾客的一个必要措施,通常设在远离厨房的角落里,以避免给顾客造成心理上的反感。

在遵循上述原则的基础上,合理地安排各部分的面积,在保证正常运作的前提下,使营业面积得到最大的利用。

四、厨房

1. 厨房面积

厨房的面积并无一定的法规及公式可遵循,理想的厨房面积与大堂的比例为1:3左右。可根据餐饮店自身规模进行确定,须因不同的建筑格局、菜单及供餐情况等逐一修正。

2. 厨房设计

厨房的设计应紧紧围绕餐饮店的经营风格,充分考虑实用、耐用和便利的原则,其设计方法见表4-5。

表4-5 厨房的设计方法

序号	设计的位置	设计方法	备注
1	墙壁	厨房墙壁应选用吸潮、表面平整光洁、颜色清爽干净的瓷砖贴面,瓷砖贴面的高度应至少2米或贴至天花板	瓷砖贴面的墙壁既美观实用,又便于油烟和污物的清洗,还可以防止灰尘的污染
2	顶部	厨房的顶部可采用耐火、防潮、防水的石棉纤维材料进行吊顶处理,应尽量避免使用涂料	吊顶时要考虑排风设备的安装,为其留出适当的位置,避免材料浪费和重复劳动
3	地面	厨房的地面通常使用吸潮而且防滑的瓷地砖铺设,地面略呈龟背状,以便冲刷和干燥	厨房两侧地面应设排水明沟,地面材料要求耐磨、耐高温、耐腐蚀、不掉色、不吸油
4	灯光	厨房的灯光设计应注重其实用性,主要指临炉炒菜的地方要有足够的光亮以把握菜肴色泽;砧板切配的地方要有明亮的灯光,以防止刀伤及影响刀工的精细	出菜打荷的上方要有充足的灯光,以免杂物混入菜品
5	高度	厨房的高度通常以3.2～3.8米为宜	厨房的高度要适当,以免影响厨房工作
6	厨房的通风	厨房的通风最重要的是保持空气流通,尤其是配菜区和烹调区更应注意	保持厨房空气清新

相关链接

厨房设计攻略

很多餐饮店投资者都关心厨房设计,但懂得的人并不多。厨房应如何设计才节约成本、节约空间、方便实用呢?

1. 面积合理

通常,一个炉灶供应10～12个餐位,随着效率的提高,很多餐饮店做到了一个炉灶可供应13～15个餐位。一个炉灶供应的餐位越多,厨房面积就可以越节省,费用可以相应降低。

2. 设备实用

新建或改造厨房时,不要片面追求设计效果或买设备只重外表,结果买回的设备板太薄、质太轻,工作台一用就晃,炉灶一烧就腾,冰箱一不小心就升温。因此,设备一定要方便实用。

3. 不同菜系配不同灶具

不同菜系、不同风格、不同特色的餐饮产品,对场地的要求和设备用具的配备不尽相同。经营粤菜要配备广式炒炉;以销售炖品为主的餐饮,厨房要配备大量的煲仔炉;以制作山西面食为特色的餐饮,要设计较大规模的面点房,配备大口径的锅灶、蒸灶。不考虑这些因素,不仅成品口味不地道,而且燃料、厨师劳动力的浪费也是惊人的。

4. 隔区不宜太多

一个厨房进行无限分隔,各作业间互相封闭,看不见、叫不应,既增加了厨师搬运货物的距离,又不便于互相关照、提高工作效率,更容易产生安全隐患。

5. 通风讲究

无论采用什么样的排风设备,最重要的是要使厨房,尤其是配菜、烹调区形成负压。厨房内通风、排风系统包括排烟罩(油网式烟罩、水渡式烟罩)、抽风机(离心风机、轴流风机等)、排烟风管、送新风管及空调系统,有效的通风、排风必须符合下列标准。

(1)厨房和面点间等热加工间的通风换气,其中65%由排烟罩排出,35%由送新风管和换气扇换气完成,换气一般每小时40次为宜(可在产品上设置频率)。

(2)排气罩吸气速度一般不应小于0.5米/秒(购买产品时有规格要求),排风管内速度不应大于10米/秒(购买产品时有规格要求)。

(3)厨房和面点间等热加工间的补风量应该是排风量的70%左右,房间负压值不应大于5帕(可在相关的仪器上测量),使厨房内产生的油烟气味不会往餐饮店飘散,以达到隔热、隔味的效果。

6. 明档卫生

在设计明档时不要刻意追求现场感,将不适合在明档加工的产品搬到前面来,弄得餐饮店乌烟瘴气。设计明档时,一定注意不要增加餐饮店的油烟、噪声,因为明档是向顾客展示厨房的窗口,设计要精致美观,生产是第二位的,卫生是第一位的。有些菜品只适合在后厨加工,就没有必要在明档和盘托出。

7. 地面防滑吸水

在设计厨房地面时，为节省成本，使用普通瓷砖，结果既不防滑又不吸水，严重影响了工作效率。厨房的地面设计和选材，不可盲从，必须审慎定夺。在没有选择到新颖实用的防滑地砖前，使用红钢砖仍不失为有效之举。在厨房设计时越注意细节，越能最大限度地减少日后使用中的麻烦。

8. 用水、排水及时

厨房在设计水槽或水池时，配备量要合适，避免厨师跑很远才能找到水池，于是忙起来干脆就很难顾及清洗，厨房的卫生很难达标。

厨房的明沟，是厨房污水排放的重要通道。可有些厨房明沟太浅，或太毛糙，或无高低落差，或无有机连接，使得厨房或水池相连，或臭气熏人，很难做到干爽、洁净。因此，在进行厨房设计时要充分考虑原料化冻、冲洗，以及厨师取用清水和清洁用水的各种需要，尽可能在合适位置使用单槽或双槽水池，保证食品生产环境的整洁卫生。

9. 灯光充足实用

厨房的灯光重实用。炒锅炒菜要有足够的灯光看清菜肴色泽；砧板要有明亮的灯光有效防止刀伤和追求精细的刀工；打荷人员上方要有充足的灯光，减少杂草混入原料。厨房灯光不一定要像餐饮店一样豪华典雅、布局整齐，但其作用绝不可忽视。厨房灯光设计是否到位，直接关系到出品品质。

10. 备餐间要设两道门

备餐间是配备开餐用品，准备开餐条件的地方。备餐间设计不好会出现餐饮店弥漫乌烟浊气，出菜丢三落四的现象。备餐间设计要注意如下两个方面。

（1）备餐间应处于餐饮店、厨房过渡地带，以便于夹、放传菜夹，便于通知划单员，要方便起菜、停菜等信息沟通。

（2）厨房与大堂之间应采用双门双道。厨房与大堂之间真正起隔油烟、隔噪声、隔温度作用的是两道门的设置。同向两道门的重叠设置不仅起到"三隔"作用，还遮挡了顾客直接透视厨房的视线。

11. 洗碗间传输方便

洗碗间的设计与配备得当，可以减少餐具破损，保证餐具洗涤及卫生质量，在设计时应处理好以下3个方面。

（1）洗碗间应靠近餐饮店、厨房，这样，既方便传递使用过的餐具和厨房用具，又减轻传送餐具员工的劳动强度。当然在大型餐饮活动之后，用餐车推送餐具，是必要的。

（2）洗碗间应有可靠的消毒设施。餐具消毒后，再用洁布擦干，以供餐饮店、厨房使用。

（3）洗碗间通、排风效果要好。洗涤操作期间，均会产生水汽、热气、蒸汽，这些气体，如不及时抽排，不仅会影响洗碗工的操作，而且会使洗净的甚至已经干燥的餐具重新出现水汽，还会向餐饮店、厨房倒流。因此，必须采取有效设计，切实解决洗碗间通、排风问题，创造良好环境。

12. 粗加工、操作间要分开

从原料到成品的生产流线应简短顺畅，无迂回交叉。粗加工间与操作间是排水量较多的地方，采用明沟排水，便于清洁与疏通。带有油腻的排水，应与其他排水系统分别设置，并安装隔油设施。操作间的适宜温度应在26℃以下。

13. 厨房与餐饮店在同一层

厨房与餐饮店在同一楼面，可缩短输送流程，提高工作效率，有利于保持菜品温度，防止交叉污染，另外还可以减少设备投资。

如果厨房与餐饮店不在同一楼层，要另外设食梯，并注意按生、熟、洁、污分设，并添加保温的传送设备。

14. 配备烟感报警器

厨房内部有不少火灾隐患，如房内的燃气、油的泄漏、炉灶燃烧时产生的高温、烟罩内长期积累的油污等。如果平时管理不善或不注意保养、检查，一不小心就会引起火灾。因此，平时除了强化员工的消防安全意识，防患于未然外，在厨房间还必须装置必要的消防设施，如烟感报警器、喷淋装置、二氧化碳灭火器等。使用燃气的单位，在厨房内还应装置煤气泄漏报警器。

五、洗手间

洗手间是判断餐饮店对卫生是否重视的标准，因此在设计时应遵循以下要求。

（1）洗手间位置应与餐饮店设在同一层楼，避免顾客上下楼不便。

（2）洗手间的标记要清晰、醒目。

（3）洗手间的空间要能容纳二人以上。

（4）绝不能与厨房连在一起，也不宜设在餐饮店中间或正对大门的地方，以免使人产生不良的联想，影响食欲。

（5）洗手间的地面要干爽，冲厕设备要经常检查，以防出现问题。

（6）洗手间的手池最好带台面，便于顾客使用，水龙头要美观、节水、简便易用。

（7）洗手间应准备必要的纸巾、洗手液等卫生用品，明亮的镜子是必不可少的。

（8）最好安装排气扇，以保证卫生间的通风，排除异味。

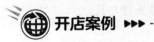 开店案例 ▶▶▶

洗手间地面有水，致老太摔跤

"咣当！"不好，妈摔倒啦！"这声惊叫不停地在张女士的耳畔响起，搅得她几宿没睡着觉，每每想起日前发生的那一幕，她都不禁后怕。

那天，全家一起到某餐饮店吃饭，最高兴的要数76岁的老母亲，因为又可以尝到她最喜欢的鱼头汤了。高高兴兴地吃完饭，老太太要去方便一下，于是女儿、儿媳和孙女起身陪同前往。女儿张女士搀着老太太走进一间狭窄得只能容下一个人的洗手间，瓷砖地面上满是积水。张女士带门出来不一会儿，就听到门里"咣当"一声。推开门一看，老太太已经坐在了湿漉漉的地上，双腿叉在蹲坑的两边，嘴歪眼斜。三个人赶紧把老太太抬到餐厅的椅子上，但老太太身体僵直，头渐渐往下耷拉，嘴角还不住地流出口水。经过抢救，老太太终于脱离了危险，现在在家卧床静养。

"我老母亲滑了这一下，可吓得我们全家不轻，因为我母亲去年得过脑梗，我们都生怕她这一下子就过去了⋯⋯"张女士说着说着，声音又哽咽了，"我父亲被吓得又犯了高血压，现在两位老人都卧病在床。明明是'餐饮店'举手之劳就能避免的事，现在却把我们家弄成了这样，反正我们会找他们讨个说法的⋯⋯"

由此可见，餐厅卫生间里的脏、湿、滑，给顾客带来的不仅是感官上的"不爽"，而且让顾客使用时也十分"危险"，特别是行动不便的老年人，一旦出了问题，不但顾客受罪，而且餐饮店也难脱干系，所以，餐饮店的经营管理者要将卫生间以顾客的"休息处"为标准来维护管理。

六、休息区

一般餐饮店都会在入口处设有休息区，主要设施是沙发及茶几，为顾客等候朋友或在客满时等待小憩之用，配以茶水服务。休息区的装饰风格应色调偏冷，给人宁静安闲的感觉，以免顾客在休息区等待时心浮气躁、心神不宁。

七、停车场

停车场是吸引开车族进店消费的首要条件。由于餐饮店所处位置与面积、规模的大小不尽相同，停车场的布置形式各有不同。在引导路线上应做好铺地、绿化、照明、背景等方面的处理，使进入路线明晰而充满趣味，使整体环境优雅宜人。

> **小提示：**
>
> 从停车场出来的顾客与步行来店的顾客进入餐饮店的路线往往不同，所以餐饮店的入口必须考虑到从两方面来的顾客。不能使停车后出来的顾客走回头路或使步行而来的顾客绕行，而要使他们以最捷径的路线进入餐饮店。

第4节　好氛围，提升魅力

良好的气氛不仅能吸引众多的顾客，而且还能增加餐饮店的魅力，又为餐饮店增添一个好"招牌"。

一、灯光

气氛设计中最关键的一步是灯光。不同的灯光设计有不同的作用，因此选择灯饰要根据餐饮店的特点而定。

比如，一家餐饮店选用立体灯柱，一排排灯柱既分隔出不同的饮食空间，又成为室内的装饰点缀。其左侧的灯向客席投射，而右侧的牵牛花状的灯则向顶棚投射，形成一朵朵光晕，颇有装饰效果。

餐饮店灯光设计使用的光源种类颇多，诸如白炽光、荧光及彩灯等，餐饮店可依据自己的特色需要而定，总之，无论选用哪种灯具，都要使灯具的风格与室内陈设协调一致，最好能唤起人们的美味食欲。

二、背景音乐

背景音乐能起到调和气氛、增加情调的作用，因此，背景音乐必不可少。配置背景音乐时一定要与餐饮店风格相适应，或欢快、优雅的流行音乐，或古典、婉转的名曲等。播放时音量应控制适中，切忌时大时小，并需由专人负责。

三、色彩搭配

人的心理和行为与色彩的选择搭配有很大关系，主要包括以下3点。

（1）延长顾客的就餐时间，就应该使用柔和的色调、宽敞的空间布局、舒适的桌椅、浪漫的灯光和温柔的音乐。

（2）提高顾客的流动率，餐饮店最好使用红绿搭配的颜色。

（3）快餐店的气氛设计要以鲜艳的色彩为主，配合紧凑的座位、明亮的灯光和快节奏的音乐，一切以"快"为中心，突出快餐主题。

色彩搭配与运用是值得餐馆经营者揣摩和研究的一门学问。经营者要根据自身餐馆的目标对象设计店铺的主体色彩，选择目标顾客喜欢的配色。

比如，以女性为主要服务对象的小餐馆，一般利用淡黄色、淡紫色、玫瑰色等进行装点。

 开店案例 ▶▶▶

餐饮店，三次色彩大变身

小王在他居住的小区率先开张了一家餐饮店，他在设计店面时也没有注重什么色彩之类的选择与搭配，就随便挑了宝蓝色作为墙面，而餐桌则选用的是大红色，餐椅为黄色。三原色在此济济一堂，整个环境显得极不和谐。

幸亏当时小区内仅此一家，顾客无从选择，所以生意还算可以。但是好景不长，后来，餐饮店旁边又有一家餐饮店开业了。这家餐饮店深谙色彩之道，选用了明媚温暖的橙色为主要基调，同类色与对比色进行搭配，整个环境显得轻松活泼，令人食欲大开，所以开张以后顾客盈门，迅速占领这个区域的市场，当然小王的餐饮店顾客寥寥无几，最后只能停业重新装修以求转机。

小王听从色彩学专家的建议之后，将原先宝蓝色的墙壁和黄色餐桌椅都换成了浅蓝色，结果劣势迅速扭转，前来用餐的顾客络绎不绝，但是人们用完餐后迟迟不走，影响了翻台，小王只得再次请教专家，将餐饮店里面的主色调改为橙色系列，结果事如所愿，顾客依然盈门，而且用餐时间周期缩短，增加了餐饮店的翻台率。究其原因，因为蓝色带给人安宁、清雅之感，疲劳了一天的人们希望在此得到休息，而活泼的橙色在激起人们食欲的同时，也使长时间停留在此环境中的顾客坐立不安，缩短了用餐周期。

四、陈设布置

1. 作用

餐饮店的陈设与装饰设计和布置是体现餐饮店文化氛围的重要方面，是餐饮店文化层次高低雅俗的一个标志。陈设与装饰是在各个细部上处处提醒顾客这家餐饮店的与众不同。餐饮店工艺饰品的陈设一方面显示了餐饮店的文化层次，另一方面对餐饮店主题的塑造也有举足轻重的作用。

2. 如何布置

餐饮店室内陈设种类繁多，兼容巨细，它们以美化餐饮店室内空间、界面或部分室内构件为主，具有美好的视觉艺术效果。

（1）表现某种艺术风格流派、文化信息，其中尺度大者常常成为餐饮店的标志、中心主题，尺度小的如门把手、杯垫图案也与整个餐饮店的装饰风格一致。

（2）给人愉悦之感并且具有识别性，品种从布幔、壁挂、织物、雕塑、工艺摆设到盆景、灯座等应有尽有。

（3）提供给顾客的使用物品也经过高度的艺术加工，使餐具、烟灰缸、餐巾、菜单等物品具有优美的轮廓与图案，在方便顾客使用的同时，给顾客留下美好而深刻的印象。

五、餐座配备

餐座配备也是构成餐饮店良好气氛的关键之一，餐座配备要根据餐饮店的气氛、装修档次、消费层次及经营特色来确定。餐座选好了，餐饮店的魅力会与日俱增。

1. 配置的标准

（1）经营者应按照餐饮店的档次和经营形式合理选择餐台的形式和安排餐台间的距离，确定通道的位置、走向和宽度，最终确定餐桌的形式、规格和数量。

（2）为使餐桌规格选择合理，在筹建餐饮店时应对目标顾客的就餐习惯和人数做好调查,并考虑周全,做到心中有数,这样才能既满足顾客就餐需求又使座位达到最大的使用率。

2. 配置的方法

(1) 餐椅选择。餐馆餐椅的种类与风格应该根据餐饮店的整体环境和氛围而定,确保餐椅的用材、造型、色彩及图案装饰都与餐馆整体风格保持和谐,并在注重功能的前提下体现装饰效果。

(2) 餐椅高度。餐椅的高度正常在42cm左右,椅背高度在72~76cm,并且与餐桌的高度有相应的比例。座位应该按照餐馆面积大小及空间布局作适当配置,使有限的餐馆面积得到最大限度的利用。

(3) 餐桌面积。经营正餐的餐饮店,其餐桌面积应相应较大;经营面点小吃的餐饮店,其餐桌面积相应较小;餐饮店档次越高,对供菜及服务方式的要求就越高,餐桌面积也越大。不同的餐桌样式占用的面积也不同,具体见表4-6。

表4-6 餐桌面积设计方法

序号	餐桌构成	座位形式	平方米/人
1	正方形桌	平行(2座)	1.7~2.0
		平行(4座)	1.3~1.7
		对角(4座)	1.0~1.2
2	长方形桌	平行(4座)	1.3~1.5
		平行(6座)	1.0~1.3
		平行(8座)	0.9~1.1
3	圆桌	圆桌(4座)	0.9~1.4
		圆桌(8座)	0.9~1.2
4	车厢桌	相对(4座)	0.7~1.0
5	长方形桌(自助餐)	相对(4座)	1.3~1.5
		相对(6座)	1.0~1.2
		相对(8座)	0.9~1.0

3. 配置的要求

选择餐桌、餐椅时要特别注意规格、款式、材料、色调、油漆等。因为餐饮店需经常冲洗以保持卫生,所以桌椅的材料最好选用实木或钢木。另外,桌椅用油漆一定要耐热或使用塑料贴面。此外,经营者选择的桌椅还要稳固、耐用。

六、温度、湿度和气味

1.温度

针对不同的季节,餐饮店的温度也应有所调节。餐饮店的最佳温度应保持在24～26℃之间。

2.相对湿度

档次较高的餐饮店,应该用较合适的相对湿度来增加舒适程度,给顾客轻松、愉快的感觉;快餐店相对湿度要求可稍低一些。适宜的相对湿度,可以通过加湿器等设备达到。

3.气味

良好的气味,可以利用空气清新剂、通风等办法或是采用烹饪的芳香来体现。

第5章 办理手续，规范经营

从零开始做餐饮——新手创业从0到1

导言

在决定要经营餐饮行业之前，我们先要了解一下，开一间餐饮类的店，根据国家的法律法规我们究竟需要什么手续和证件，只有了解清楚了，才能让我们的餐饮店合法合规，顺利经营。

第1节 营业执照办理

营业执照是工商行政管理机关发给工商企业、个体经营者的准许从事某项生产经营活动的凭证。没有营业执照的工商企业或个体经营者一律不许开业，不得刻制公章、签订合同、注册商标、刊登广告，银行不予开立账户。

一、个体户——"两证合一"

对于个体户来说，办理的营业执照为"两证合一"，即工商营业执照和税务登记证。

那么，怎样算是个体户呢？《个体工商户条例》第2条第1款规定："有经营能力的公民，依照本条例规定经工商行政管理部门登记，从事工商业经营的，为个体工商户。"

1.个体工商户登记事项

个体工商户登记事项如下。

（1）经营者的姓名及住所：申请登记个体户的公民的姓名和户籍所在地的详细住址。

（2）组织形式：个人经营或家庭经营。

（3）经营范围：个体户从事经营活动所属的行业类别。

（4）经营场所：个体户营业所在地的详细地址。

（5）个体户可以使用名称，也可以不使用名称登记，使用名称的，名称亦作为登记事项。

2.个体工商户营业执照办理所需材料

（1）申请人签署的个体工商户开业登记申请书。

（2）申请人的身份证原件及复印件。

（3）经营场所证明，提供房屋租赁合同原件及复印件、房产证复印件。

（4）《物权法》第77条规定的经营场所为住宅时，需要取得有利害关系业务的同意证明。

（5）近期一寸免冠照片1张。

（6）国家工商行政管理部门规定提交的其他文件。

3. 个体工商户营业执照办理流程

（1）申请人填写材料，提交申请。

（2）受理人员受理。

（3）地段管理人员进行核查。

（4）所长批准登记申请。

（5）受理人员在10日内发放营业执照。

 小提示：

申请人对于材料的真实性要负责，经营场所的表述要和房产证上的一致，复印材料要用A4纸，并用黑色的钢笔或签字笔填写。

相关链接

个体工商户的特征

（1）从事个体工商户必须依法核准登记。登记机关为工商行政管理部门。县、自治县、不设区的市、市辖区工商行政管理部门为个体工商户的登记机关，登记机关按照国务院工商行政管理部门的规定，可以委托其下属工商行政管理所办理个体工商户登记。

（2）个体工商户可以个人经营，也可以家庭经营。若个人经营的，以经营者本人为登记申请人；若家庭经营的，以家庭成员中主持经营者为登记申请人。

（3）个体工商户可以个人财产或者家庭财产作为经营资本。若是个人经营的，个体工商户的债务以个人财产承担；若是家庭经营的，个体工商户的债务以家庭财产承担，但是无法区分的，则以家庭财产承担。

（4）个体工商户只能经营法律法规允许个体经营的行业。对于申请登记的经营范围属于法律、行政法规禁止进入的行业的，登记机关不予以登记。

二、企业——"五证合一"

自2016年10月1日起，我国正式实施"五证合一、一照一码"的登记制度。"五证"即"工商营业执照、组织机构代码证、税务登记证、社会保险登记证和统计登记证"。"五证合一"变为加载统一社会信用代码的营业执照，如图5-1所示。

图5-1 "五证合一"营业执照

"五证合一"证件的办理流程如下。

1. 取名核名

(1) 按照公司名称结构规定给公司取名,建议取5个以上的名称备用,名称结构包含这几部分:行政区划、字号、行业、组织形式。

(2) 咨询后领取并填写名称(变更)预先核准申请书、授权委托意见,同时准备相关材料。

(3) 递交名称(变更)预先核准申请书、投资人身份证、备用名称若干及相关材料,等待名称核准结果。

(4) 领取企业名称预先核准通知书。

2. 提交申请资料

领取企业名称核准通知书后,编制公司章程,准备注册地址证明所需的材料等向工商部门综合登记窗口提交登记申请材料,正式申请设立登记。

(1) 综合登记窗口收到"五证合一"登记申请材料,对提交材料齐全的,出具收到材料凭据。

(2) 工商行政管理局(以下简称工商局,有的地方称为市场监督管理局、工商和质量监督管理局)、质量技术监督局(以下简称质监局)、国家税务总局(以下简称税务局)对提交材料不符合或不齐全法定形式,不予核准通过的,将有关信息及需要补正的材料传送综合登记窗口,由综合登记窗口一次性告知申请人需要补正的全部材料。补正后的材料都符合要求的,综合登记窗口出具收到材料凭据。

(3) 登记申请材料传送工商局、质监局、税务局办理审批和登记。

3. 领取营业执照

综合登记窗口在五个工作日之内,应向申请人颁发加载统一社会信用代码的营业执照。申请人携带准予设立登记通知书、办理人身份证原件,到工商局领取营业执照正、副本。

4. 篆刻公章

餐饮企业领取营业执照后,经办人凭营业执照,到公安局指定刻章点办理刻章事宜。一般餐饮企业要刻的印章包括公章、财务章、合同章、法人代表章、发票章。

5.银行开户

根据《人民币银行结算账户管理办法》规定，餐饮企业银行账户属于单位银行结算账户，按用途分为基本存款账户、一般存款账户、专用存款账户、临时存款账户，原则上应在注册地或住所地开立银行结算账户。一家餐饮企业只能在银行开立一个基本存款账户，该账户是存款人因办理日常转账结算和现金收付需要开立的银行结算账户。餐饮企业银行开立基本存款账户，建议先和银行预约办事时间并确认所需材料的具体内容及份数、法定代表人是否需要临柜，一般需准备好如下资料。

（1）营业执照的正副本。
（2）法人身份证原件。
（3）经办人身份证。
（4）法人私章、公章、财务章。
（5）其他开户银行所需的材料。

第2节 《食品生产许可证》办理

食品生产许可证制度是食品质量安全市场准入制度的基础和核心。《中华人民共和国食品安全法》（以下简称《食品安全法》）第三十五条规定，国家对食品生产经营实行许可制度。从事食品生产、食品销售、餐饮服务，应当依法取得许可。但是，销售食用农产品，不需要取得许可。未取得《食品生产许可证》的企业不准生产食品。上述的餐饮服务包括正餐服务、快餐服务、饮料和冷饮服务、餐饮配送服务。《食品生产许可证》式样如图5-2所示。

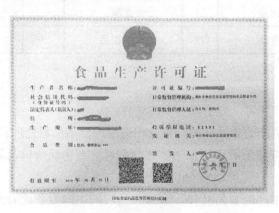

图5-2 《食品生产许可证》式样

一、《食品生产许可证》申请

1. 申请资格

申请食品生产许可，应当先行取得营业执照等合法主体资格。企业法人、合伙企业、个人独资企业、个体工商户等，以营业执照载明的主体作为申请人。食品生产许可实行"一企一证"，对具有生产场所和设备设施并取得营业执照的一个食品生产者，从事食品生产活动，仅发放一张食品生产许可证。

2. 申请类别

申请食品生产许可，应当按照表5-1所列的食品类别提出。

表5-1 申请食品生产许可的类别

序号	类别	序号	类别	序号	类别
1	粮食加工品	12	薯类和膨化食品	23	淀粉及淀粉制品
2	食用油、油脂及其制品	13	糖果制品	24	糕点
3	调味品	14	茶叶及相关制品	25	豆制品
4	肉制品	15	酒类	26	蜂产品
5	乳制品	16	蔬菜制品	27	保健食品
6	饮料	17	水果制品	28	特殊医学用途配方食品
7	方便食品	18	炒货食品及坚果制品	29	婴幼儿配方食品
8	饼干	19	蛋制品	30	特殊膳食食品
9	罐头	20	可可及焙烤咖啡产品	31	其他食品
10	冷冻饮品	21	食糖		
11	速冻食品	22	水产制品		

3. 申请条件

申请食品生产许可，应当符合下列条件。

（1）具有与生产的食品品种、数量相适应的食品原料处理和食品加工、包装、储存等场所，保持该场所环境整洁，并与有毒、有害场所以及其他污染源保持规定的距离。

（2）具有与生产的食品品种、数量相适应的生产设备或者设施，有相应的消毒、更衣、盥洗、采光、照明、通风、防腐、防尘、防蝇、防鼠、防虫、洗涤以及处理废水、存放垃圾和废弃物的设备或者设施；保健食品生产工艺有原料提取、纯化等前处理工序的，需要具备与生产的品种、数量相适应的原料前处理设备或者设施。

（3）有专职或者兼职的食品安全管理人员和保证食品安全的规章制度。

（4）具有合理的设备布局和工艺流程，防止待加工食品与直接入口食品、原料与成品交叉污染，避免食品接触有毒物、不洁物。

（5）法律、法规规定的其他条件。

4. 申请资料

申请食品生产许可，应当向申请人所在地县级以上地方食品药品监督管理部门提交如图5-3所示的材料。

材料一	食品生产许可申请书
材料二	营业执照复印件
材料三	食品生产加工场所及其周围环境平面图、各功能区间布局平面图、工艺设备布局图和食品生产工艺流程图
材料四	食品生产主要设备、设施清单
材料五	进货查验记录、生产过程控制、出厂检验记录、食品安全自查、从业人员健康管理、不安全食品召回、食品安全事故处置等保证食品安全的规章制度

图5-3 申请食品生产许可证应提供的材料

> **小提示：**
>
> 申请人委托他人办理食品生产许可申请的，代理人应当提交授权委托书以及代理人的身份证明文件。

二、《食品生产许可证》管理

《食品生产许可证》分为正本、副本，正本、副本具有同等法律效力。

1. 食品生产许可证载明事项

食品生产许可证应当载明：生产者名称、社会信用代码（个体生产者为身份证号码）、法定代表人（负责人）、住所、生产地址、食品类别、许可证编号、有效期、日常监督管理机构、日常监督管理人员、投诉举报电话、发证机关、签发人、发证日期和二维码。

2. 食品生产许可证编号组成

食品生产许可证编号由SC（"生产"的汉语拼音字母缩写）和14位阿拉伯数字组成。数字从左至右依次为：3位食品类别编码、2位省（自治区、直辖市）代码、2位市（地）代码、2位县（区）代码、4位顺序码、1位校验码，如图5-4所示。前3位食品类别编码中，第1位数字代表食品、食品添加剂生产许可识别码，"1"代表食品、"2"代表食品添加剂。第2、3位数字代表食品、食品添加剂类别编号。食品添加剂类别编号标识为："01"代表食品添加剂，"02"代表食品用香精，"03"代表复配食品添加剂。

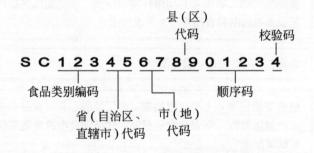

图5-4 食品生产许可证编号组成

新获证及换证食品生产者，应当在食品包装或者标签上标注新的食品生产许可证编号，不再标注"QS"标志。食品生产者存有的带有"QS"标志的包装和标签，可以继续使用完为止。2018年10月1日起，食品生产者生产的食品不得再使用原包装、标签和"QS"标志，使用原包装、标签、标志的食品，在保质期内可以继续销售。

3. 食品生产许可证保管

食品生产者应当妥善保管食品生产许可证，不得伪造、涂改、倒卖、出租、出借、转让。食品生产者应当在生产场所的显著位置悬挂或者摆放食品生产许可证正本。

三、相关法律责任

（1）未取得食品生产许可从事食品生产活动的，由县级以上地方食品药品监督管理部门依照《食品安全法》第一百二十二条的规定给予处罚。

（2）许可申请人隐瞒真实情况或者提供虚假材料申请食品生产许可的，由县级以上地方食品药品监督管理部门给予警告。申请人在1年内不得再次申请食品生产许可。

（3）被许可人以欺骗、贿赂等不正当手段取得食品生产许可的，由原发证的食品药品监督管理部门撤销许可，并处1万元以上3万元以下罚款。被许可人在3年内不得再次申请食品生产许可。

（4）食品生产者伪造、涂改、倒卖、出租、出借、转让食品生产许可证的，由县级以上地方食品药品监督管理部门责令改正，给予警告，并处1万元以下罚款，情节严重的，处1万元以上3万元以下罚款。

（5）食品生产者未按规定在生产场所的显著位置悬挂或者摆放食品生产许可证的，由县级以上地方食品药品监督管理部门责令改正，拒不改正的，给予警告。

（6）食品生产者工艺设备布局和工艺流程、主要生产设备设施、食品类别等事项发生变化，需要变更食品生产许可证载明的许可事项，未按规定申请变更的，由原发证的食品药品监督管理部门责令改正，给予警告，拒不改正的，处2000元以上1万元以下罚款。

（7）食品生产许可证副本载明的同一食品类别内的事项、外设仓库地址发生变化，食品生产者未按规定报告的，或者食品生产者终止食品生产，食品生产许可被撤回、撤销或者食品生产许可证被吊销，未按规定申请办理注销手续的，由原发证的食品药品监督管理部门责令改正，拒不改正的，给予警告，并处2000元以下罚款。

（8）被吊销生产许可证的食品生产者及其法定代表人、直接负责的主管人员和其他直接责任人员自处罚决定作出之日起5年内不得申请食品生产经营许可，或者从事食品生产经营管理工作、担任食品生产经营企业食品安全管理人员。

> **小提示：**
> 无证无照经营是违法行为，不仅会被强制停止经营活动、没收违法所得再处以罚款，甚至还会被记入信用不良记录并予以公示，影响品牌信誉。

第3节 《食品经营许可证》办理

在中华人民共和国境内,从事食品销售和餐饮服务活动,应当依法取得食品经营许可。食品经营许可实行一地一证原则,即食品经营者在一个经营场所从事食品经营活动,应当取得一个食品经营许可证。如图5-5、图5-6所示。

图5-5 《食品经营许可证》正本式样

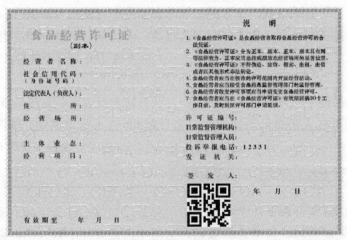

图5-6 《食品经营许可证》副本式样

一、《食品经营许可证》申请

1. 申请资格

申请食品经营许可，应当先行取得营业执照等合法主体资格。

（1）企业法人、合伙企业、个人独资企业、个体工商户等，以营业执照载明的主体作为申请人。

（2）机关、事业单位、社会团体、民办非企业单位、企业等申办单位食堂，以机关或者事业单位法人登记证、社会团体登记证或者营业执照等载明的主体作为申请人。

2. 申请类别

申请食品经营许可，应当按照食品经营主体业态和经营项目分类提出。

（1）主体业态。食品经营主体业态分为如图5-7所示的3种。

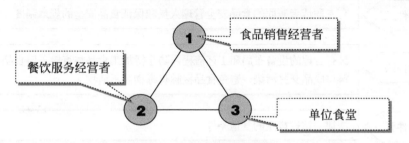

图5-7　食品经营主体业态

> 小提示：
>
> 食品经营者申请通过网络经营、建立中央厨房或者从事集体用餐配送的，应当在主体业态后以括号标注。

（2）经营项目分类。食品经营项目分为预包装食品销售（含冷藏冷冻食品、不含冷藏冷冻食品）、散装食品销售（含冷藏冷冻食品、不含冷藏冷冻食品）、特殊食品销售（保健食品、特殊医学用途配方食品、婴幼儿配方乳粉、其他婴幼儿配方食品）、其他类食品销售；热食类食品制售、冷食类食品制售、生食类食品制售、糕点类食品制售、自制饮品制售、其他类食品制售等。如申请散装熟食销售的，应当在散装食品销售项目后以括号标注。

列入其他类食品销售和其他类食品制售的具体品种应当报国家食品药品监督管理总局批准后执行，并明确标注。具有热、冷、生、固态、液态等多种情形，难以明确归类的食品，可以按照食品安全风险等级最高的情形进行归类。

3. 申请条件

根据《食品安全法》规定,申请食品经营许可,应当符合如图5-8所示的条件。

条件一	具有与经营的食品品种、数量相适应的食品原料处理和食品加工、销售、储存等场所,保持该场所环境整洁,并与有毒、有害场所以及其他污染源保持规定的距离
条件二	具有与经营的食品品种、数量相适应的经营设备或者设施,有相应的消毒、更衣、盥洗、采光、照明、通风、防腐、防尘、防蝇、防鼠、防虫、洗涤以及处理废水、存放垃圾和废弃物的设备或者设施
条件三	有专职或者兼职的食品安全管理人员和保证食品安全的规章制度
条件四	具有合理的设备布局和工艺流程,防止待加工食品与直接入口食品、原料与成品交叉污染,避免食品接触有毒物、不洁物
条件五	法律、法规规定的其他条件

图5-8 申请食品经营许可的条件

4. 申请资料

申请食品经营许可,应当向申请人所在地县级以上地方食品药品监督管理部门提交下列材料。

(1)食品经营许可申请书。

(2)营业执照或者其他主体资格证明文件复印件。

(3)与食品经营相适应的主要设备设施布局、操作流程等文件。

(4)食品安全自查、从业人员健康管理、进货查验记录、食品安全事故处置等保证食品安全的规章制度。

> **小提示:**
>
> 申请人应当如实向食品药品监督管理部门提交有关材料和反映真实情况,对申请材料的真实性负责,并在申请书等材料上签名或者盖章。

二、《食品经营许可证》管理

食品经营许可证分为正本、副本,正本、副本具有同等法律效力。

1. 食品经营许可证载明事项

食品经营许可证应当载明:经营者名称、社会信用代码(个体经营者为身份证号码)、法定代表人(负责人)、住所、经营场所、主体业态、经营项目、许可证编号、有效期、日常监督管理机构、日常监督管理人员、投诉举报电话、发证机关、签发人、发证日期和二维码。

如在经营场所外设有仓库(包括自有和租赁),应当在副本上的经营场所后以括号标注仓库名称和具体地址。

2. 食品经营许可证编号组成

食品经营许可证编号由JY("经营"的汉语拼音字母缩写)和14位阿拉伯数字组成。数字从左至右依次为:1位主体业态代码、2位省(自治区、直辖市)代码、2位市(地)代码、2位县(区)代码、6位顺序码、1位校验码,如图5-9所示。其中主体业态类别编码用1、2、3标识,具体为:1代表食品销售经营者;2代表餐饮服务经营者;3代表单位食堂。

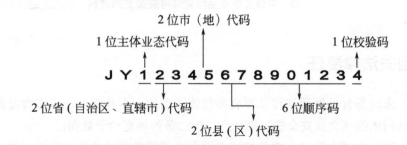

图5-9 食品经营许可证编号组成

食品经营许可证编号在全国范围内是唯一的,任何一个从事食品经营活动的市场主体只能拥有一个许可证编号,任何一个许可证编号只能赋给一个市场主体。市场主体在从事食品经营活动存续期间,许可证编号保持不变。食品经营许可证注销后,该许可证编号应被系统保留,不能再赋给其他市场主体。

3. 食品经营许可证保管

(1)食品经营者应当妥善保管食品经营许可证,不得伪造、涂改、倒卖、出租、出借、转让。

(2)食品经营者应当在经营场所的显著位置悬挂或者摆放食品经营许可证

正本。

4. 食品经营许可证变更

（1）食品经营许可证载明的许可事项发生变化的，食品经营者应当在变化后10个工作日内向原发证的食品药品监督管理部门申请变更经营许可。

（2）经营场所发生变化的，应当重新申请食品经营许可。外设仓库地址发生变化的，食品经营者应当在变化后10个工作日内向原发证的食品药品监督管理部门报告。

（3）申请变更食品经营许可的，应当提交如图5-10所示的申请材料。

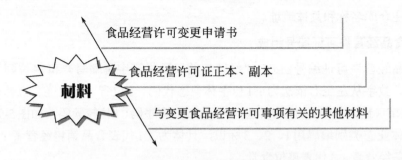

图5-10　申请变更食品经营许可应提交的材料

三、相关法律责任

（1）未取得食品经营许可从事食品经营活动的，由县级以上地方食品药品监督管理部门依照《食品安全法》第一百二十二条的规定给予处罚。

（2）许可申请人隐瞒真实情况或者提供虚假材料申请食品经营许可的，由县级以上地方食品药品监督管理部门给予警告。申请人在1年内不得再次申请食品经营许可。

（3）被许可人以欺骗、贿赂等不正当手段取得食品经营许可的，由原发证的食品药品监督管理部门撤销许可，并处1万元以上3万元以下罚款。被许可人在3年内不得再次申请食品经营许可。

（4）食品经营者伪造、涂改、倒卖、出租、出借、转让食品经营许可证的，由县级以上地方食品药品监督管理部门责令改正，给予警告，并处1万元以下罚款，情节严重的，处1万元以上3万元以下罚款。

（5）食品经营者未按规定在经营场所的显著位置悬挂或者摆放食品经营许可

证的,由县级以上地方食品药品监督管理部门责令改正,拒不改正的,给予警告。

(6)食品经营许可证载明的许可事项发生变化,食品经营者未按规定申请变更经营许可的,由原发证的食品药品监督管理部门责令改正,给予警告,拒不改正的,处2000元以上1万元以下罚款。

(7)食品经营者外设仓库地址发生变化,未按规定报告的,或者食品经营者终止食品经营,食品经营许可被撤回、撤销或者食品经营许可证被吊销,未按规定申请办理注销手续的,由原发证的食品药品监督管理部门责令改正,拒不改正的,给予警告,并处2000元以下罚款。

(8)被吊销经营许可证的食品经营者及其法定代表人、直接负责的主管人员和其他直接责任人员自处罚决定作出之日起5年内不得申请食品生产经营许可,或者从事食品生产经营管理工作、担任食品生产经营企业食品安全管理人员。

 开店案例 ▶▶▶

伪造营业执照及食品经营许可证被查处

××市市场监督管理局接到举报称位于北干街道的一家餐饮店涉嫌无照经营,要求查处。执法人员立即前往现场检查,当事人现场提供载有统一信用代码的《营业执照》及《食品经营许可证》,但其核定的名称及主体业态与经营范围不符,可能存有"猫腻"。执法人员回到单位后立即通过核准证照的系统进行查询,均未查询到当事人提供的证照信息。当天下午,执法人员再次对该餐饮店进行了检查,并对相关证照进行了扣押。

经查,当事人李某为了能上美团外卖平台,私自通过电线杆小广告上找到的办证号码,联系卖家以共计715元的价格购得伪造的核发机关为××市区市场监督管理局的营业执照正副本以及餐饮服务许可证、食品经营服务许可证等证照并在店内使用。因当事人的行为涉嫌构成伪造、变造、买卖国家机关证件的行为,涉嫌刑事犯罪,该所已将此案移交××市公安分局进行处理。

市场监管部门提醒消费者,消费者在消费时应注意查看餐饮企业的《营业执照》《食品经营许可证》以及证照的有效期,也提醒商户,合法守法经营,莫以一时的贪念和方便造成终生遗憾,同时提醒各大外卖平台,注意核查入驻商户合法经营证照。

第4节 消防手续办理

一、基本要求

餐饮店经营场所在投入使用、营业前，应当向场所所在地的县级以上地方人民政府公安机关消防机构申请消防安全检查。公安机关消防机构应当自受理申请之日起十个工作日内，根据消防技术标准和管理规定，对该场所进行消防安全检查。未经消防安全检查或者经检查不符合消防安全要求的，不得投入使用、营业。

餐饮店经营场所具有下列情形之一的，应当向公安机关消防机构申请消防设计审核，并在建设工程竣工后向出具消防设计审核意见的公安机关消防机构申请消防验收。

（1）建筑总面积大于一万平方米的宾馆、饭店。

（2）建筑总面积大于五百平方米的夜总会、游艺厅酒吧，具有娱乐功能的餐馆、茶馆、咖啡厅。

二、申办材料

1.消防安全检查

《消防监督检查规定》（公安部令第120号）第八条规定，公众聚集场所在投入使用、营业前申请消防安全检查，应当向场所所在地的县级以上人民政府公安机关消防机构提交下列材料。

（1）消防安全检查申报表。

（2）营业执照复印件或者工商行政管理机关出具的企业名称预先核准通知书。

（3）依法取得的建设工程消防验收或者进行竣工验收消防备案的法律文件复印件。

（4）消防安全制度、灭火和应急疏散预案、场所平面布置图。

（5）员工岗前消防安全教育培训记录和自动消防系统操作人员取得的消防行业特有工种职业资格证书复印件。

（6）法律、行政法规规定的其他材料。

依照《建设工程消防监督管理规定》不需要进行竣工验收消防备案的公众聚集场所申请消防安全检查的，还应当提交场所室内装修消防设计施工图、消防产品质量合格证明文件，以及装修材料防火性能符合消防技术标准的证明文件、出厂合格证。

2.消防设计审核

《建设工程消防监督管理规定》（公安部令第119号）第十五条规定，餐饮企业申请消防设计审核应当提供下列材料。

（1）建设工程消防设计审核申报表。

（2）建设单位的工商营业执照等合法身份证明文件。

（3）设计单位资质证明文件。

（4）消防设计文件。

（5）法律、行政法规规定的其他材料。

3.消防验收

《建设工程消防监督管理规定》（公安部令第119号）第二十一条规定，餐饮企业申请消防验收应当提供下列材料。

（1）建设工程消防验收申报表。

（2）工程竣工验收报告和有关消防设施的工程竣工图纸。

（3）消防产品质量合格证明文件。

（4）具有防火性能要求的建筑构件、建筑材料、装修材料符合国家标准或者行业标准的证明文件、出厂合格证。

（5）消防设施检测合格证明文件。

（6）施工、工程监理、检测单位的合法身份证明和资质等级证明文件。

（7）建设单位的工商营业执照等合法身份证明文件。

（8）法律、行政法规规定的其他材料。

三、消防检查注意事项

1.营业前消防检查

公安机关消防机构对公众聚集场所投入使用、营业前进行消防安全检查重点检查事项如下。

（1）建筑物或者场所是否依法通过消防验收合格或者进行竣工验收消防备案抽查合格；依法进行竣工验收消防备案但没有进行备案抽查的建筑物或者场所是否符合消防技术标准。

（2）消防安全制度、灭火和应急疏散预案是否制定。

（3）自动消防系统操作人员是否持证上岗，员工是否经过岗前消防安全培训。

(4) 消防设施、器材是否符合消防技术标准并完好有效。

(5) 疏散通道、安全出口和消防车通道是否畅通。

(6) 室内装修材料是否符合消防技术标准。

(7) 外墙门窗上是否设置影响逃生和灭火救援的障碍物。

2.营业中消防检查

公安机关消防机构对属于人员密集场所的消防安全重点单位每年至少监督检查一次，主要检查事项如下。

(1) 建筑物或者场所是否依法通过消防验收或者进行竣工验收消防备案，公众聚集场所是否通过投入使用、营业前的消防安全检查。

(2) 建筑物或者场所的使用情况是否与消防验收或者进行竣工验收消防备案时确定的使用性质相符。

(3) 消防安全制度、灭火和应急疏散预案是否制定。

(4) 消防设施、器材和消防安全标志是否定期组织维修保养，是否完好有效。

(5) 电器线路、燃气管路是否定期维护保养、检测。

(6) 疏散通道、安全出口、消防车通道是否畅通，防火分区是否改变，防火间距是否被占用。

(7) 是否组织防火检查、消防演练和员工消防安全教育培训，自动消防系统操作人员是否持证上岗。

(8) 生产、储存、经营易燃易爆危险品的场所是否与居住场所设置在同一建筑物内。

(9) 生产、储存、经营其他物品的场所与居住场所设置在同一建筑物内的，是否符合消防技术标准。

(10) 抽查室内装修材料是否符合消防技术标准、外墙门窗上是否设置影响逃生和灭火救援的障碍物。

第5节 环保审批办理

一、基本要求

根据《中华人民共和国环境影响评价法》（2016修订）及《建设项目环境保护管理条例》（2017修订）规定，国家根据建设项目对环境的影响程度，对建设项目的环境影响评价实行分类管理,建设项目的环境影响评价分类管理名录,由国务院环境保护行政主管部门制定并公布。经查阅《建设项目环境影响评价分类管理名录》(原环境保护部令第44号),餐饮、娱乐场所应当填报环境影响登记表,国家对环境影响登记表实行备案管理。若餐饮店未依法备案建设项目环境影响登记表的,由县级以上环境保护行政主管部门责令备案,处五万元以下的罚款。

> **小提示:**
>
> 餐饮店在日常运营过程中应当遵守《中华人民共和国环境噪声污染防治法》《中华人民共和国大气污染防治法》等法律法规的要求。

二、环境影响登记表备案指南

(1)建设项目环境影响登记表备案采用网上备案方式。中华人民共和国生态环境部(原环境保护部)统一布设建设项目环境影响登记表网上备案系统(以下简称网上备案系统),县级环境保护主管部门负责本行政区域内的建设项目环境影响登记表备案管理并向社会公告网上备案系统地址链接信息。餐饮店应当在建设项目建成并投入生产运营前,登录网上备案系统,在网上备案系统注册真实信息,在线填报并提交建设项目环境影响登记表。

(2)餐饮店在办理建设项目环境影响登记表备案手续时,应当同时就其填报的环境影响登记表内容的真实、准确、完整作出承诺,并在登记表中的相应栏目由该建设单位的法定代表人或者主要负责人签署姓名。

(3)餐饮店在线提交环境影响登记表后,网上备案系统自动生成备案编号和回执,该建设项目环境影响登记表备案即为完成。餐饮店可以自行打印留存其填报的建设项目环境影响登记表及建设项目环境影响登记表备案回执。建设项目环境影响登记表备案回执是环境保护主管部门确认收到建设单位环境影响登记表的证明。

(4)建设项目环境影响登记表备案完成后,餐饮店或者其法定代表人或者主要负责人在建设项目建成并投入生产运营前发生变更的,餐饮店应当依照本办法规定再次办理备案手续。

三、餐饮油烟排放管理

排放油烟的餐饮服务业经营者应当在运营过程中符合如下要求。

（1）必须安装油烟净化设施并保持正常使用，或者采取其他油烟净化措施。国务院《大气污染防治行动计划》明确提出"开展餐饮油烟污染治理。城区餐饮服务经营场所应安装高效油烟净化设施，推广使用高效净化型家用吸油烟机。"

（2）油烟应当严格按照国家标准《GB 18483—2001饮食业油烟排放标准（试行）》达标排放，并防止对附近居民的正常生活环境造成污染。目前执法实践中，安装并正常运行符合"标准限值"要求的油烟净化设施视同达标。未经任何油烟净化设施净化的油烟排放视同超标。

（3）在下列三类场所明确禁止新建、改建、扩建产生油烟、异味、废气的餐饮服务项目：居民住宅楼、未配套设立专用烟道的商住综合楼、配套设立了专用烟道的商住综合楼中与居住层相邻的商业楼层。

（4）不得在政府禁止的区域内露天烧烤，此外，县级以上地方政府可依据重污染天气的预警等级启动应急预案要求停止露天烧烤。露天烧烤易产生大量油烟，属于餐饮业中排烟大户，但并非全部禁止，如北京市《禁止露天烧烤食品的规定（北京市人民政府第200号令）》中划定了禁止露天烧烤区域，"禁止在本市城区和近郊区城镇地区的街道、胡同、广场、居住小区、公共绿地等公共场所露天烧烤食品"，"生活消费品、生产资料市场的开办单位应当加强监督检查，制止在市场内露天烧烤食品"。

四、噪声污染防治管理

对于噪声排放标准，我国在《环境噪声污染防治法》中规定了城市5类区域的环境噪声最高限值，见表5-2。

表5-2 城市5类环境噪声标准值

类别	昼间	夜间
0类	50分贝	40分贝
1类	55分贝	45分贝
2类	60分贝	50分贝
3类	65分贝	55分贝
4类	70分贝	55分贝

说明：0类标准适用于疗养区、高级别墅区、高级宾馆区等特别需要安静的区域；1类标准适用于以居住、文教机关为主的区域，乡村居住环境可参照执行该类标准；2类标准适用于居住、商业、工业混杂区；3类标准适用于工业区；4类标准适用于城市中的道路交通干线道路两侧区域，穿越城区的内河航道两侧区域。

对于餐饮店而言，首先要确定餐厅所处位置是属于哪一类区域，从而判断适用何种标准，以便进行音量控制；其次，在餐厅日常经营过程中应当遵循如下要求。

（1）不得使用高音广播喇叭或者采用其他发出高噪声的方法招揽顾客，不得在城市市区噪声敏感建设物集中区域内（即医院、学校、机关、科研单位、住宅等需要保持安静的建筑物）使用高音广播喇叭。

（2）使用空调器、冷却塔等可能产生环境噪声污染的设备、设施的，其边界噪声不得超过国家规定的环境噪声排放标准。

（3）对空调制冷设备、风机等容易产生噪声的设备应该配套建设隔音板、减震垫等隔声、减振设施，保证噪声污染防治设施的正常运行，确保噪声符合国家规定的排放标准。

第6章 管好员工，服务顾客

导言

开餐厅，菜品味道很重要，营销手段很重要，人员的管理更重要。因为，不论是做菜还是销售，都需要人来完成。餐饮店经营者应让员工个个有生产力，通过大家的努力和配合，完成餐饮店的经营目标。

第1节 配置员工合理化

由于餐厅的员工配置数量决定了人工成本费用、服务质量、技术质量、流程再造等因素,所以对于餐厅来说,员工的配置显得尤为重要。

一、员工配置的原则

餐厅的人员配置是否合理,人员配置的方法是否科学,将会直接影响餐厅的正常运营节奏以及餐厅在消费者心中的满意度。一般来说,餐厅员工配置应遵循如图6-1所示的原则。

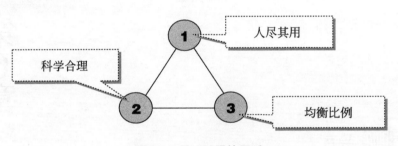

图6-1 员工配置的原则

1. 人尽其用

人是最宝贵的财富,人力资源也像其他资源一样是有价值的,所以应该珍惜人力资源,让其得到最大效率的应用。但是人力资源又不完全等同于物,物多了只会占用资金,造成积压,而人多了不仅消耗资金,还容易生出事端,造成内耗。所以,餐厅定编一定要让人尽其用,减少不必要的内耗。在餐厅内部应制定合理有效的人员激励机制,促使人才的效能发挥到最高,同时也让员工享受到应有的回报。

2. 科学合理

根据餐厅的具体情况(比如规模大小、等级高低、设施设备齐全程度、餐厅现代化水平的高低等)量体裁衣,参照科学的理论,制定人员编制,才能保证每个员工得到合理的工作量。

同时,餐厅应根据自己的实际情况尽量使用现代化的设备。

比如,一个传统收银台需要2个收银员,你购置一台收银机,可能一个人就能胜任。一个中等规模、经营良好的餐厅需要5个洗碗工，如果使用洗碗机，或许3个人足矣。

随着现代化水平的深入，电子菜单、移动POS机等现代化设备也走进了很多餐饮企业，从而节约了酒店的人力成本，合理配置了人力。

3. 均衡比例

餐厅应根据自身情况对前台服务人员与后台服务人员的比例进行均衡，根据餐厅自身的规模和特点对服务人员与行政人员以及其他工作人员的比例进行调控，将有利于餐厅工作的正常进行。

作为餐饮服务来讲，其特点是服务项目种类繁多，人员流动速度快，服务环节多，对客服务时间长，最容易出现问题，针对这些特点餐厅应该尽量提高服务员的比例，缩减行政人员与其他工作人员的比例，使服务员的人数与服务需求的数量保持平衡。

二、影响员工配置的因素

对餐饮人员进行合理配置可以优化员工结构，弹性安排人力，降低劳动力消耗，充分调动员工的积极性，并且直接影响到餐饮生产效率、服务质量，因此在配置时应着力考虑如图6-2所示的因素。

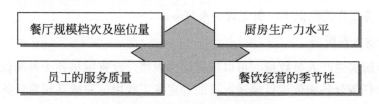

图6-2　影响员工配置的因素

1. 餐厅规模档次及座位量

餐厅规模档次的高低直接影响到分工的疏密，档次越高，所需座位数量越多，服务要求越高，服务细化程度越强，用人也就越多；反之，餐厅的档次越低，座位数有限，服务要求也就不是特别高，用人就可以相应减少。

2. 员工的服务质量

员工的服务质量包括员工的个人素质和服务水平。员工服务质量的高低直接影响到客人对餐厅的满意度和酒店在市场环境中的知名度和美誉度。服务技能熟练，服务方法得当，服务效率就高，接待客人的数量就多；反之，服务技法生涩，服务效率就低，单位时间内接待客人的数量就有限，从而也影响到了餐饮企业的整体效率形象。

3.厨房生产力水平

炉灶的数量决定着厨房的生产能力，厨房的生产能力本身也受餐厅的接待量影响，餐厅的接待量大，厨房的生产能力就要高，所需炉灶的数量越多，相应厨房的用人量也应增加。

4.餐饮经营的季节性

餐饮经营有淡季和旺季，人员配备时应适时、适量，旺季时人员不足可以适当招聘短期工，淡季时可以组织员工培训或休假。

三、员工配置的方法

餐饮人员的配备根据组织机构中人员的分工不同、工作内容不同而变化，其基本方法可以按照3类不同人员来确定。

1.管理人员配备

餐厅的管理人员主要指主管以上的人员，其人员配备方法主要采用岗位定员法。根据组织机构设计，在分析餐厅规模、管理层次、各级管理工作的工作量大小的基础上来确定岗位设置，然后根据工作需要按岗定人，确定岗职人数。在能够照顾业务工作的前提下，员工宜少不宜多。

2.厨房人员配备

确定厨房生产人员数量，可以根据厨房规模，设置厨房各工种岗位，将厨房所有工作任务分各岗位进行描述，进而确定各工种岗位完成其相应任务所需要的人手，汇总厨房用工数量。厨房人员，因餐厅规模不同、档次不同、出品规格要求不同，人员配置数量也各不相同。

在确定人员数量时，应综合考虑如图6-3所示的因素。

因素一	厨房生产规模的大小；相应餐厅、经营服务餐位的多少、范围的大小
因素二	厨房的布局和设备情况，布局紧凑、流畅、设备先进、功能全面，还是与之相差甚远
因素三	菜单经营品种的多少、制作难易程度以及出品标准要求的高低

| 因素四 | 员工技术水准状况 |
| 因素五 | 餐厅营业时间的长短 |

图6-3 确定厨房人员数量应考虑的因素

厨房用人包括厨师、加工人员和管事部勤杂工3种，其人员配备方法以劳动定额为基础，重点考虑上灶厨师，其他加工人员可作为厨师的助手。其配备方法有两个，如图6-4所示。

核定劳动定额

即选择厨师人员和加工人员，观察测定在正常生产情况下，平均一位上灶厨师需要配备几名加工人员，才能满足生产业务需要，由此核定劳动定额

核定人员配备

在厨师劳动定额的基础上，影响人员配备的还有厨房劳动班次、计划出勤率和每周工作天数三个因素

图6-4 厨房人员配备方法

档次较高的餐厅，一般13～15个餐位配1名烹饪生产人员；规模小或规格更高的特色餐厅，7～8个餐位配1名生产人员。

粤菜厨房内部员工配备比例一般为1个炉头配备7个生产人员。如2个炉头，则配2个炉灶厨师，2个打荷，1个上杂，2个砧板，1个水台、大案（面点），1个洗碗，1个择菜、煮饭，2个走楼梯（跑菜），2个插班。如果炉头数在6个以上，可设专职大案。

其他菜系的厨房，炉灶与其他岗位人员（含加工、切配、打荷等）的比例是1∶4，点心与冷菜工种人员的比例为1∶1。

3.服务人员配备

一般按照效率和餐台来制定服务人员数。每一位餐饮服务员的接待客人数与工作时间的比例应有一定的标准，如果达不到这个标准，就是说每位餐饮服务员接待的客人数过少，就有可能出现许多非生产性时间，造成劳动力的浪费。

一般的餐桌服务型餐厅，一个服务员每工作时可以接待大约10～12位客人。当客人人数超过这个限度时，服务质量就会下降。

> **小提示：**
> 其他类型的餐厅也可以通过实际观察一些中上水平的服务员每天接待人数和所用时间来得到这一标准。

4.员工的定岗

确定了餐厅所需要的员工定额后，是否就完成了员工的配置工作了呢？实践证明并非如此。餐厅经营者还要考虑应如何把这些员工确定在最合适的工作岗位上，使其发挥出最大的工作效能。

在对岗位人员进行选配时，首先要考虑各岗位对人员的素质要求，即岗位任职条件。选择上岗的员工要能胜任、履行其岗位职责，同时要在认真细致地了解员工的特长爱好的基础上，尽可能照顾员工的意愿，让其有发挥聪明才智、施展才华的机会。要力戒照顾关系、情面，因人设岗，否则，将为餐厅经营留下隐患。

餐厅员工分岗到位后，并非一成不变。在经营过程中，可能会发现一些学非所用、用非所长的员工，或者会暴露出一些班组群体搭配欠佳，团体协作精神缺乏等现象，这样不仅影响员工工作情绪和效率，久而久之，还可能产生不良风气，妨碍管理。因此，优化餐厅岗位组合是必需的。同时餐厅管理人员要发挥激励和竞争机制，创造一个良好的工作及竞争环境，使各岗位的员工组合得到最佳优化。

四、厨师长的选配

厨师长是烹饪生产的主要管理者，是厨房各项方针政策的决定者。因此，厨师长选配的好坏，直接关系到厨房生产运转和管理的成败，直接影响到厨房生产质量的优劣和厨房生产效益的高低。

厨师长的选配，首先要明确对厨师长的素质要求，然后再选择合适人员，全面履行其职责。

1.厨师长的基本素质

（1）必须具备良好的品德，严于律己，有较强的事业心，热爱本职工作。

（2）有良好的体质和心理素质，对业务精益求精，善于人际沟通，工作原则性强，并能灵活解决实际问题。

（3）有开拓创新精神，具有竞争和夺标意识，聪明好学，有创新菜肴、把握和引领潮流的勇气和能力。

2. 厨师长应具备的专业知识

（1）菜系、菜点知识。熟悉不同菜系的风味特点；熟知特色原料、调料的性能、质量要求及加工使用方法。

（2）烹饪工艺知识。熟悉现代烹饪设备性能；熟知菜肴（点心）的制作工艺、操作关键及成品的质量特点；勇于突破自我，有研制、开发受客人欢迎的菜肴新品的能力。

（3）懂得食品营养的搭配组合，掌握食物中毒的预防和食品卫生知识。

（4）懂得色彩搭配及食物造型艺术，掌握一定的实用美学知识。

（5）具有中等文化知识基础，了解不同地区客人的风俗习惯、宗教信仰、民族礼仪和饮食禁忌，具有一定的口头和书面组织、表达能力。

（6）熟知成本核算和控制方法，具有查看和分析有关财务报表的能力。

3. 厨师长的管理能力

厨师长应具备如图6-5所示的管理能力。

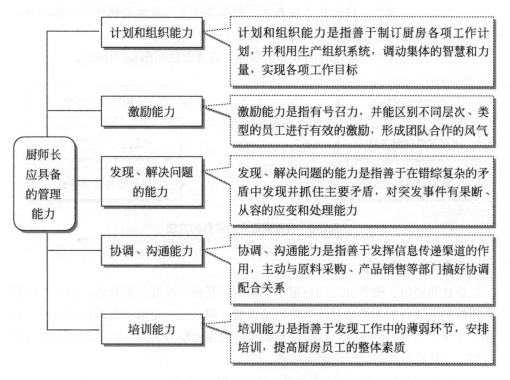

图6-5　厨师长应具备的管理能力

第2节 调动员工积极性

对于餐饮店经营者来说,打造一支适应门店发展需要的人才队伍是最基础的一项工作。在对客服务中,员工的积极性直接影响着门店的声誉,因此,餐饮店经营者必须充分调动员工的积极性。

一、合理调配人力资源

随着市场经济的不断变化,餐饮业面临招人难、"用工荒"的局面,很多餐饮店就从管理内部着手,精简人员,合并岗位,给企业"瘦身",而岗位的优化不仅让企业节省了成本,更让员工的积极性和干劲大大提高,还有许多员工会主动要求增加岗位分工,提高人效,甚至有客人都给予好评。

比如说,以前客人问服务员这道菜的做法,怎么也要等上片刻,才会有人来回答,现在不一样了,随便找个服务员,都能告诉客人招牌菜的特点,客人方便了,员工积极性高了,企业还省钱了,人效大大提高。

那如何才能合理调配现有的人力资源呢?具体方法如图6-6所示。

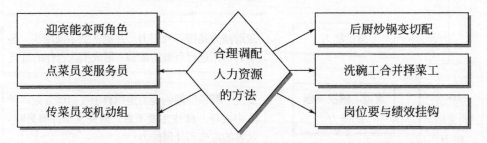

图6-6 合理调配人力资源的方法

1. 迎宾能变两角色

迎宾和销售、服务员之间有很多东西可以互补,迎宾主要是迎送客人,在客人用餐的这段时间,迎宾是没有事情可做的,但是这时是服务员最忙的时候,点菜、下单、催菜、结账等,这时迎宾就可以去帮助服务客人,或者跟客勤发放名片等,尽量让员工的积极性调动起来。

2. 点菜员变服务员

有的餐厅会分点菜员和服务员,其实可以将点菜员这个岗位去掉,那么服务员就要培训成点菜员,他不仅要了解菜品知识,还能为客人服务,而且在点菜的过程中,能跟客人保持良好的沟通,这样的话,在服务过程中,就能很顺利的拉近与客人之间的关系,让员工在服务中能很好地把握客人的需求,还能提供超出客人预期的各种服务。

3. 传菜员变机动组

在大部分的餐厅,总是有保洁员来打扫卫生,但是在用餐高峰期的时候,新一轮的客人入座,喊保洁阿姨来打扫,是比较浪费时间的,客人往往只能站在旁边,因为桌上摆放的脏餐具,实在无法入座,等上1到2分钟,保洁阿姨打扫完以后才能入座,人效就非常低。

比如,当传菜员端菜出去是可以带脏餐回来的,以前传菜员就是传菜员,如果把传菜员和机动组进行合并,那么传菜员出去的时候是端着菜出去的,而回来的时候是带着脏餐回来的,当新客人入座的时候,服务员只需简单地把桌子擦一下,摆放好餐位就可以了,这两个岗位合并以后,餐厅的翻台率将会大大提高。

4. 后厨炒锅变切配

后厨是厨师的天下,尤其是大师傅,从客人点菜开始就是他们最忙碌的时候了,大师傅的厨艺是直接影响餐厅营业额的,但是在客人点菜之前,有大把的时间大师傅是没有事情做的,打扫卫生也是保洁人员在做。

切配、炒菜、打荷,这三个是一条线的,在11:30以前,切配菜品的工作量比较大,如果大师傅跟切配的师傅一起切配菜,在11:30以前把分量备足,他们三个岗位之间就可以省下一个位置出来,到了炒菜的时候,大师傅炒菜,切配就转化为打荷,而且大师傅也练习了基本功,这样岗位就可以精简,而且还快,工作效率高。

5. 洗碗工合并择菜工

择菜是餐前准备,在这段时间洗碗工是没有事情做的,而开餐以后择菜工又空闲了,其实他们两个岗位可以互补,人员可以精简,提高人效,甚至很容易会出现一个择菜阿姨可以拿到高工资的情况。

6. 岗位要与绩效挂钩

餐厅一定要培养复合型人才而不是单一型人才,当然绩效一定要和一岗多能挂钩。

比如说,员工掌握的技能越多,工资会更高,可以按照工作的时间给予绩效奖励,也可以根据客人的满意度、餐厅的销售业绩给予奖励,要让员工明白同样是工作八小时,但不能虚耗八小时,企业也希望员工都能够过得很快乐、很充实、效率高，能学到不同岗位上的东西，这样会对他未来的职业生涯有帮助，未来还能晋升为管理人员，只要他的功底非常扎实，就能成为餐饮企业的多面手。

二、形成良好的员工参与环境

要使员工对餐饮店尽心尽力，并在此过程中保持高度积极性的最好办法之一，就是让员工参与进来。

1.征询员工意见

广泛收集员工的建议是让其参与的一个好办法。员工熟悉的全面品质管理、持续发展式管理和传统的建议箱等，都是员工建议的方面或去向。建议不仅涉及减少开支，而且涉及如何改进餐饮店的服务。但在征询员工的意见时，管理者必须注意，征询员工意见贵在真诚，贵在尊重对方。

如果是真诚地征询员工的意见，那么就应充分地尊重其意见。试想，征询员工的意见，但在走过形式之后，却不看收集上来的意见书，或仅仅是看看，既不采纳，又不解释为什么，甚至于在采纳了某些好的意见并因此取得了额外收益之后，也不奖励提意见的人，那么还能期望今后征询意见时，员工会积极地反映吗？将心比心，推己及人，要想运用好"参与激励"，重要的不在于掌握什么样的技巧，而在于真诚。

2.进行双向沟通

双向沟通就是沟通双方互相传递信息，其发出与接受的地位不断交换，双方发生多次重复交流，达成共识。如图6-7所示。

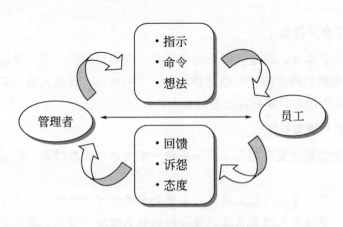

图6-7　沟通是双向的过程

（1）双向沟通的前提。双向沟通的前提就是餐饮店要具有良好的反馈机制。很多沟通问题都是由于缺乏及时的反馈造成的。如果在沟通的过程中使用反馈回路，就会减少这些问题的发生。

（2）无障碍沟通。有效的沟通要求沟通的渠道畅通无阻，采用管理者定期与员工对话等形式，不断健全民主制度，以沟通促进管理。

3. 参与决策过程

参与决策是指在不同程度上让员工参加餐饮店的决策及各级管理工作的研究和讨论。处于平等的地位参与商讨餐饮店的重大问题，可使员工产生强烈的责任心，获得更大的成就感，从而提高员工工作的热情。正确地运用参与决策既能对个人产生激励作用，又能为餐饮店的成功提供有力的保障。

（1）具有充足的参与时间及参与能力。要使参与式管理有效，必须有充足的时间参与，员工必须具有参与的能力，以及餐饮店文化必须支持员工参与等。

（2）提倡民主式管理。一个集体、一个门店，要想统一目标、协调行动，沟通是必需的，说明是必要的，同样让员工参与决策，进行民主式管理是应该提倡的。

三、设计合理薪酬

餐饮店的分配制度是调动员工积极性的主要手段之一。几乎所有的人都希望自己的付出、自己的劳动能够得到公平、合理的回报，也只有在预期能够得到合理回报的基础上，员工才会积极、努力地工作，充分发挥自己的才能和潜力。

1. 分配基本工资

在分配方面，员工最重要的要求就是要公平、合理。公平、合理一方面指的是与餐饮店内的其他员工或其他餐饮店的同类员工相比较，每个员工的报酬与付出之比都不低于其他员工；另一方面则是指员工所获得的报酬与他的贡献相比较，要保持一定的比例。

将薪酬及各种津贴与工作特点挂钩，建立一个工作评估体制，对餐饮店内部的各类工作从技术程度、所需资格、责任大小、工作环境等方面进行比较和分级，在更广泛的社会环境下对这些工作特点进行评估，然后根据评估的结果对每一级的人员或工作规定相对固定的报酬水平，不受员工工作表现的影响，通常情况下还会随着工龄的增加而增长。这种报酬制度在对工作进行评估时依据的都是一些客观、科学并被普遍认同的标准，如果岗位需要承担重要责任、工作环境差，则承担工作者要付出更多的劳动，应该得到更高的报酬。

2.建立工作表现的奖励

这种奖励一般是指根据员工的工作表现,对业绩突出的员工给予加薪、奖金等形式奖励的制度,其中最常用的是奖金。

(1)制定奖励标准。奖金的一般形式是年终奖,根据员工一年来的工作表现和所取得业绩,向员工发放表示鼓励其工作的年终奖励。应用这种制度最主要的是要考虑工作的评估方法,各种工作的内容不同、完成的难易程度有差异,取得突破性成绩的可能性也不一样,因此要针对不同工作的特点分别制定奖励的标准。

(2)制定奖励制度。有些工作的完成需要集体的努力,这种情况下很难单独确定个人的贡献,这时就要制定针对整个工作小组的奖励制度。

> **小提示:**
> 加薪常作为奖励的方式,不仅是对有突出贡献者加薪的速度会很快,正常的加薪也常会以员工的日常表现作为一种重要依据。

(3)完善利润分红制度。利润分红与一般的奖金不同,一般的奖金来源于餐饮店的成本,利润分红则来自餐饮店的经营成果——利润。利润分红如果形成一种制度,则有利于改善餐饮店和员工的关系。员工的收入多少取决于餐饮店经营状况,因而会更加关心餐饮店的业绩,有利于提高餐饮店劳动生产率。分红的方法大体有以下4种,如图6-8所示。

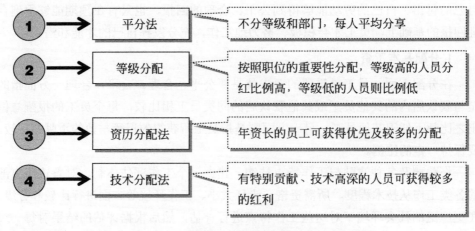

图6-8 分红的方法

利润分红也有一些明显的缺陷,如大多数餐饮店在分红时不会考虑员工的实际贡献,往往不能根据贡献拉开档次,主要是由于认为业绩的提高有赖于全体员工的共同努力。但对于那些贡献大的员工来说,这样做显然是不公平的,而不公平就很容易造成员工的不满,从而失去激励的作用,进而使员工产生跳槽的念头。

有时餐饮店利润的增长可能是因为一些偶然因素,如某一个竞争对手在竞争中失利,这时的奖励就更谈不上什么激励作用了。

四、进行充分授权

1. 充分授权的意义

授权是一个赋予员工责任、权力的过程。

(1)授权增强了员工执行任务的信心,并使员工相信自己对餐饮店做出了有影响的贡献。

(2)授权转变了员工的观念,使他们从觉得没有权力转变为对个人能力产生了强烈的自信,这就使他们工作更主动,在面对困难时能坚持不懈地去完成他们的目标。

(3)授权让员工感到工作有意义,也就是说,工作与他们的价值观和工作态度相吻合。

(4)授权让员工有独立自主进行决策的权力,并且可以对工作行为、工作方法和工作步骤进行一些选择。

(5)授权让员工有一定的参与性,他们对制定重要战略、经营管理、经营决策有了参与性,能够主动地、有创造性地工作。

2. 创造合理授权的环境

为鼓励授权,必须创造一个环境,使处于其中的每个人都会觉得他对自己职责范围以内的绩效标准和经营效果有真正的影响。由于只需很少的人来指导、监督和协调,授权环境降低了成本,又由于从根本上激励了员工并产生了高绩效,也提高了产品质量和服务水平。另外,由于员工能够做到现场发现问题,找到解决方案并抓住改进的机会,授权环境还会带来快速的行动。

3. 授权措施

餐饮店可以采取下列措施进行授权。

(1)允许员工参与决策,显示他们有能力、高水平完成任务的信心。

(2)设计他们的工作并获得更大的自由。

(3)设置有意义和富于挑战的目标。

(4)称赞其突出的绩效。

(5)鼓励员工在工作中承担个人责任。

(6)给员工提供信息和其他资源,并提供社交上的,有时是情感上的支持。

4. 充分授权的形式

（1）参与管理。参与管理即员工在很大程度上分享其直接监管者的决策权。员工参与的问题必须与其利益有关，员工必须有参与的能力（智力、技术知识、沟通技巧），而且公司必须支持员工参与。

如果员工参与了决策过程，在实施决策时他们不可能反对这项决策。实行员工参与式管理，会使员工的工作更有趣和更有意义。

在国内外实践中，参与管理最常见的形式是合理化建议。员工根据自身对工作的理解，提出公司在运行过程中可以进一步改进的地方，公司评估和采纳员工的合理化建议，并根据该建议实施的效果给予提议者适当的奖励。

（2）代表参与。代表参与即员工不是直接参与决策，而是有一部分员工作为代表参与。

五、完善晋升制度

员工晋升制度是为了提升员工个人素质和能力，充分调动全体员工的主动性和积极性，并在餐饮店内部营造公平、公正、公开的竞争机制，规范员工的晋升、晋级工作流程，而制定的制度。

1. 掌握晋升原则

店长在制定员工晋升制度时，应掌握如图6-9所示的原则。

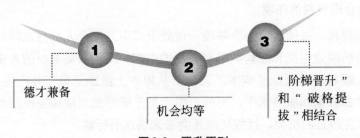

图6-9　晋升原则

（1）德才兼备。德和才二者不可偏废。不能打着"用能人"的旗号，重用和晋升一些才高德寡的员工，不能是自己的亲属就重用，不是自己的亲属就排挤，这样做势必会在员工中造成不良影响，从而打击员工的积极性。

（2）机会均等。要使每个员工都有晋升之路，即对管理人员要实行公开招聘、公平竞争、唯才是举、不唯学历、不唯资历，只有这样才能真正激发员工的上进心。

（3）"阶梯晋升"和"破格提拔"相结合。"阶梯晋升"是对于大多数员工而言的。这种晋升的方法，可避免盲目性，准确度高，便于激励多数员工，但对非常之才、特殊之才则应破格提拔，才不致使杰出人才流失。

2. 熟悉晋升模式

餐饮业的晋升模式一般有如图6-10所示的3种模式。

按工作表现晋升 —— 餐饮店可以依据员工的工作表现是否符合既定标准来决定是否升迁，在这种情况下，工作表现则是员工的工作业绩能够达到预期的标准之一

按投入程度晋升 —— 当一名员工能约法守时、服饰讲究、遵守门店的一切规章和制度、能配合上级将工作进行得井井有条、非常出色，那么必定会受到上级的赏识

按年资晋升 —— 这在表面上是只看资历，实际上是资历与能力相结合，在获得可晋升的资历后，究竟能否晋升，完全依据对其工作的考核，这种制度承认员工经验的价值，给予大家平等竞争的机会

图6-10 晋升的模式

3. 制订晋升计划

餐饮店在制订员工晋升计划时，应包括如图6-11所示的内容。

内容一 —— 挑选晋升对象

在挑选了极具潜能的特殊人才后，就注重对这些人才的工作职责和发展轨迹进行调整，提前为其做好应晋升的准备工作

内容二 —— 制定个人发展规划

一旦人选确定后，要为其制定一个个人发展规划，必须清楚地了解哪一种规划能够与这些特殊人才的愿望相符合、哪些措施对其最为有效、这些特殊人才的不足之处在哪里、还有哪些潜力可以挖掘

图6-11

| 内容三 | 具体规划工作细则以及可能遇到的挑战因素 |

> 规划必须是长期的、有针对性的,这样员工才能为未来的工作提前做好准备,这些规划越具体,员工心中就越有底,对下一步工作就越能准备得更充分

| 内容四 | 制订辅助计划 |

> 餐饮店需制订一个辅助计划,帮助员工尽快进入角色,圆满完成晋升过程

图6-11　晋升计划应包括的内容

第3节　控制员工流失率

一直处于蓬勃发展状态的餐饮业长期被员工的高流失、高离职等问题困扰。餐饮员工的流失会给餐厅的成本、服务、管理、效益等造成一定的影响,也是餐饮企业亟待解决的问题。

一、员工流失的原因

仔细分析,不难发现,餐饮业员工流失的原因大概有以下7个方面。

1.工资相对较低

众所周知,餐饮服务员的工资普遍较低,就是相较于保安也不如,与工人、白领相差甚远。辛辛苦苦忙一年,到头来没赚几个钱,谁也不愿意接受。

2.工作时间分散且生活环境差

服务员的工作时间比较长,虽然没客人的时候可以休息,但还是要待在店中,餐饮人对此不无怨言,可又很无奈。服务员买不起房,就连租房都成问题,只好住在餐饮店安排的宿舍内,而宿舍面积不大,住的人数却不少,环境自然好不到哪里去。

3.从业人员素质偏低、观念陈旧

服务人员很多都是低学历者,年龄也小,特别是现在的"90后""00后"当道,他们还不需要承担家庭责任,更加的崇尚自由,加之很多人认为餐饮行业是

吃"青春饭"的,年纪到了30岁就可能无用武之地了。

4. 服务人员不受重视

国外服务员受人尊重还有小费,然而在中国,去一家餐厅做服务员并不是一件多么光彩的事,甚至有时候还会受到一些素质低下的客人的鄙视与刁难。面对客户的刁难,很多服务员选择忍气吞声。服务员不受重视,心理落差很大。

5. 管理不到位

服务员比其他行业从业者更需要关心关怀,而有些餐饮行业管理者,不但不关心下属,还颐指气使,令人生厌。很多餐饮管理者根本没有学过管理学,导致他们管理的方法不佳,不给有专业文凭的员工展示才能的机会,分配工作时不顾及员工的性格、爱好、兴趣、特长,只凭印象或主观臆断将其分配到某一部门。

6. 晋升通道狭窄晋升速度缓慢

服务在餐饮一线的人员,大都是一群活泼的年轻人,他们也有自己的梦想与抱负,可是餐饮管理岗位少,很多人在一线服务岗位摸爬滚打好几年也得不到晋升。职业晋升难,使他们根本就看不到新前途,这就造成了服务人员的大量流失。

7. 年龄因素

由于餐饮服务人员要求年轻,年龄一般是18～27岁,这个年龄正好是谈婚论嫁的年龄,很多员工结婚了就另寻出路。

二、应对员工流失的策略

在餐饮员工流失的原因中,虽然有不少是由行业特性决定的,但也并非不可逆转。这就需要餐饮管理者发挥智慧,采取相应的策略,带领好团队走向光明。具体措施如图6-12所示。

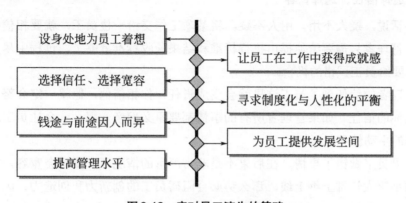

图6-12 应对员工流失的策略

1.设身处地为员工着想

一个新人来到店里,面临的困惑很多,大到工作怎么做才能让老板满意,小到厕所在哪里、想喝口水应该去哪倒等,管理者如果能洞察到这些细节,主动解决员工的所有困惑,让员工没有后顾之忧,员工自然也会对整个店好感倍增,干起活来也会精神百倍。

比如,入职时,花专门的时间和员工沟通,包括两个方面,工作事务的具体交接,以及生活问题的答疑解惑;平日里,观察员工的情绪和积极性,定期和员工进行一对一沟通,了解员工的工作状况和心理状况,发现问题及时调整;节假日,适当搞一些庆祝活动,如集体聚餐等,让大家适当放松一下,调动员工工作的积极性,增加集体凝聚力;特殊日子里,如员工生日,可以搞点小庆祝,送生日礼物。

2.让员工在工作中获得成就感

让员工热爱工作的最好方法就是让其在工作中获得成就感,简单来说就是善于发现每个人身上的闪光点。

比如,某个员工干活比较积极,可以号召其他人向其学习;某个阿姨切菜切得好,可以让她给其他人做示范,带领大家共同进步。

管理者平时要仔细观察,发现员工在工作中某一个细节做得比较好,可以当众对其表扬。

最后,把所有好的细节和服务汇总起来,形成店里的一个工作手册,制定统一的操作规范。因为这样的规范是由每个人的付出共同建立的,因此大家就会更加认真地去执行。这样的手册还要定期更新,加入更多员工的创意和想法,这就是成就感的集中提现。

3.选择信任、选择宽容

俗话说,疑人不用,用人不疑。将某项工作交给一位员工,就要相信他能够做好,管理者只需要给他提出执行标准和结果验收标准就够了,过程中尽量减少干预,要给员工试错的机会。

管理者的信任到了员工这里就会变成责任,你相信他,他就一定会努力争取对得起你的信任。如果管理者所有的事情都要事必躬亲,那么就会让员工逐渐丧失工作的主动性和积极性。

如果员工做错了事情,在后果不是非常严重的情况下,要学会宽容。如果对所有的小错大错都上纲上线,那么势必会阻碍员工的创新力和创造力,因为没有人愿意冒险去创新。

4. 寻求制度化与人性化的平衡

制度是一切群体通向文明和昌盛的钥匙。想把店做好做大做强，必须要有制度，如岗位职责、工作制度、考勤制度、晋升制度等。制度就是追求公平的最佳方式，迟到了怎么办，看制度；事情做错了怎么办，看制度。在同一份制度面前，所有人都一视同仁，那么大家就没有什么怨言了。

制度有利也有弊，高度的制度化会扼杀人性化。

比如，有员工因为家里出了突发状况迟到了，那么这样的迟到是否情有可原？又如，有员工因为生病身体状况不佳影响了工作状态，应该怎么处理？

这就需要更加人性化的处理，为员工着想的同时似乎又违背了制度化，应该怎么办呢？这时管理者需要做的就是在人性化的基础上进一步完善制度，追求制度化与人性化的最佳平衡。

5. 钱途与前途因人而异

应该给员工金钱的激励还是前途的激励？好的管理者应该学会因人而异，年轻的员工年轻气盛，你给他承诺干得好以后可以当店长当经理成为合伙人，这些似乎会更对其胃口。但是如果是四五十岁的阿姨，你给她说这些她会感觉像画大饼一样，还不如直接给"一张饼"来得实在，所以更吸引她们的可能是涨工资、发奖金。

6. 为员工提供发展空间

餐饮店要想降低离职率让员工留下来，就一定得为他们提供发展空间，尤其是那些优秀员工。可以定期组织员工培训，也可根据他们的爱好来免费报学习班，只有让他们自身不断提高，将自己的才能都发挥出来，他们才会感到有职业发展的奔头，从而加强对餐饮店的认同感和归属感，竭尽全力的为餐饮店服务。

7. 提高管理水平

餐饮管理包括人员管理和经营管理，一个企业能否成功，跟它的管理水平是融为一体的。

作为餐饮管理者要有亲和力，与员工要平等相处，不能摆"架子"。据调查发现，消费者对餐厅的满意度当中有60%都来自员工提供的服务，可见要想员工在工作中保持积极乐观的态度，就一定懂得尊重他们和经常沟通，这样在服务客人的时候，才不会带着情绪工作。

身为老板就要有领导的样子，你的一言一行关系到店员凝聚力和餐饮店往后的发展。因此在工作上必须要以身作则，吃苦在前，享乐在后，只有在经营中不断地学习、思考和总结，才能更好地完善自己，成为员工们崇拜的偶像，一旦员工人心齐了，那么你的团队将会所向披靡，即便是中途餐厅遇到些困难，你的员工也会与你并肩作战，共同吃苦渡过难关。

相关链接

海底捞员工激励案例分析

1. 良好的晋升通道

海底捞为员工设计好在本企业的职业发展路径，并清晰地向他们表明该发展途径及待遇，每位员工入职前都会得到这样的承诺。

"海底捞现有的管理人员全部是从服务员、传菜员等最基层的岗位做起，公司会为每一位员工提供公平公正的发展空间，如果你诚实与勤奋，并且相信——用自己的双手可以改变命运，那么，海底捞将成就你的未来！"该措施满足了职工对自我实现的需要，激励了员工对更好未来的追求。

2. 独特的考核制度

海底捞对管理人员的考核非常严格，除了业务方面的内容之外，还有创新、员工激情、顾客满意度、后备干部的培养等，每项内容都必须达到规定的标准。

这几项不易评价的考核内容，海底捞都有自己衡量的标准。比如"员工激情"，总部不定期的会对各个分店进行检查，观察员工的注意力是不是放在客人的身上，观察员工的工作热情和服务的效率。如果有员工没有达到要求，就要追究店长的责任。海底捞通过独特的考核制度，既规范了管理人员的管理行为，又使得管理人员可以通过不同的措施，激励员工的工作热情。

3. 尊重与关爱，创造和谐大家庭

海底捞的管理层都是从最基层提拔上来的，他们都有切身的体会，都能了解下属的心理需求，这样，他们才能发自内心地关爱下属，并且给予员工工作与生活上的支持和帮助，同时也得到员工的认可。

在海底捞，尊重与善待员工始终被放在首位。海底捞实行"员工奖励计划"，给优秀员工配股。此外，海底捞的管理人员与员工都住在统一的员工宿舍，并且规定，必须给所有员工租住正式小区或公寓中的两、三居室，不能是地下室，所有房间配备空调、电视、电脑，宿舍有专门人员管理、保洁，员工的工作服、被罩等也统一清洗。

若是某位员工生病，宿舍管理员会陪同他看病、照顾他的饮食起居。同

时，海底捞的所有岗位，除了基本工资之外，都有浮动工资与奖金，作为对员工良好工作表现的鼓励。考虑到绝大部分员工的家庭生活状况，公司有针对性地制定了许多细节上的待遇。

三、降低春节期间员工流失的措施

很多餐饮店都有这样的困惑：一到春节，人员紧、新手多，还有员工提出要离职回家过春节……生意好，服务却跟不上，这可怎么办？每一年，餐饮行业因缺人而引起的服务尴尬，在春节前后屡见不鲜。那么春节时，餐饮业该如何去保证足够的人员配制，给客人提供优质服务呢？具体措施如下。

1. 留住餐厅现有员工

招人招不来，留人又留不住，那这个餐饮店就没法做了。对于春节餐饮服务状况，餐饮店要有预见性，并提早准备。对于干了满一年的老员工来说，临近年底时一般不会提出辞职，辛辛苦苦干了一年，怎么样还是想拿点年终奖。这段时间提出辞职的不外乎有以下两个因素。

第一，确实想在春节赶回家过年团聚的。

第二，餐饮店人手不足，一人做几个人的活，服务量太大，确实承受不了，或者领导给小鞋穿，受到不公正待遇又无处申诉的。

因此，餐饮店可以通过以下6种形式，去充分留住现有的员工，争取把春节前的离职率降到最低。

（1）提早宣布年终奖（年底红包）发放信息，让员工心理上有期待，但把年终奖发放时间尽量延后，最好在春节前10天内发放。

（2）餐厅制定春节加班奖励（奖金、补助发放）办法，鼓励员工春节期间坚守服务一线。

比如，对于年前提出要辞职回家过年的员工，餐厅可私下与其坦诚交流，一方面表明餐厅很需要他（她），让员工感受到被重视；另一方面可承诺春节过后优先安排其休年假，并给予一定金额的年后休假补助。

（3）春节前餐饮店管理者的管理思路做一些调整。少批评、多表扬，少扣分、多奖励。更不要给员工穿小鞋，多组织茶话会，多听员工建议。深入员工生活，从住宿、员工餐、冷暖等细节上关心员工。

（4）抓先锋，树典型。春节前餐厅多搞一些员工评优活动，可以从服务态度上、酒水或菜品推销上、服务技能上、工作激情上等多方面入手,评一些优秀员工出来,并给予重奖,目的就是通过正项激励调动起春节期间员工的工作激情。

（5）春节时餐饮店可以组织一些文艺汇演活动,既丰富员工文化生活,又增强门店凝聚力和美誉度;另外,餐饮店也可以老板的名义给每位员工家庭写一款言知恳切的感谢信,并随寄一份诸如贺年祝福卡的小礼物,感谢家庭亲人对员工工作的支持与理解。通过这样的爱心形式传递餐饮店对员工及其家人的重视和关爱,使员工更乐于和安心在餐饮店工作。

（6）春节是中国的传统节日,每人都期望在节日里能合家团聚。所以,春节期间稳定员工情绪,让员工快乐工作是非常必要的,千万不要只忙着照顾客人,忘了员工。餐饮店相当于一个大家庭,过年时一定要组织好员工吃一个愉快的团年饭,餐饮店要主动营造过年的氛围。

比如在大年三十至初三之间安排一些员工酒会、舞会,期间的员工餐尽可能丰富,菜品多样化。总之不要让员工受冷遇,感觉孤独。

2.春节餐厅部分工作可外包

招聘难已是餐饮行业都头痛的难点,春节期间就更难招了,餐饮店在人手不足的情况下可以把部分工作外包。

比如,春节期间可以不用餐厅自身的配套餐具,转用专业餐具洗涤公司的消毒餐具,这样就可以节约餐具清洗消毒的人力资源,而把节约下来的人力资源安排去传菜、收台、清洁翻台现场等,尽量减轻值台服务员的工作压力。

另外,春节期间餐饮店也可以聘请"钟点工",按小时支付工资,把择菜洗菜、传菜、收台、清洁等技术性不强的工作交给"钟点工"做。

最后,为了减轻餐饮店人手不足的服务压力,同时也不让顾客等得心焦气躁,餐饮店可以考虑少赚点,将年夜饭惯常实行的"两轮制"改为"一轮制"。

3.经营管理者要到服务现场

春节生意好、服务忙、任务重,有好多工作都需要加班才能完成。餐饮店管理者一定要做好服务班次安排,并且根据时间段做好轮流加班安排,要让服务员有休息的缓冲机会,避免工作时间太长过于劳累。

另外,春节期间,餐饮店的经理、主管、部长等领导也应该进入一线,与员工一起"战斗",既能一定程度上缓解服务压力,又能极大地调动和鼓励员工。

第4节　提升门店服务力

服务力就是餐饮店通过服务满足顾客需求的能力，是餐饮店赢得客户的吸引力，是餐饮店战胜对手的竞争力，是餐饮店整合资源为客户创造价值的转化力，更是餐饮店实现持续盈利的关键能力。

一、加强对服务员的培训

每当节日来临，餐厅经营就异常火热，服务员的服务工作是关键，餐厅相应的培训必不可少，尤其是新招聘的服务员。除了基本的技能和礼仪培训外，做好餐厅服务员培训应从如图6-13所示的6个方面做起。

图6-13　服务员培训的方法

1.洞察力培训

做过服务员的人大多"眼贼"，是因为服务员的服务工作是从"洞察"开始的。"眼观六路，耳听八方"，"看人下菜碟"，说的都是服务员的基本功。服务员要知喜怒、看主从、分贵贱、识高下、定多寡，谈笑之间，一切了然于胸。有经验的服务员从顾客进门的第一眼中，就能判断出点取菜品的档次和品种，顺势推荐，恰到好处。不过，"洞察力"往往和受训人员的人生经历有关，讲究的是"悟性"。

比如，可将受训人员带到大型商场内，自由组合，让他们从顾客衣着、服饰、语言、行为、同伴等细节判断顾客的身份、价值取向和消费特点，提升受训人员的洞察力。

> **小提示：**
> 反复练习分类归纳是提升洞察力的好方法。

2.合作力培训

缺少合作是服务员队伍的常见不良现象。服务员三个一群，五个一伙，各自为战，形不成一个统一的整体。合作力训练以团队目标为号令，齐心协力，同进同退，极大锻造了受训人员的团队精神，为做好服务工作奠定了良好基础。

比如，培训时可将学员分成两队，各自在队长带领下进行指定健美操练习，全队互帮互学，共同进步，杜绝掉队现象。能够熟练做完全操为合格；先达到目标为优胜者，后达到目标为失败者。

3.赞美培训

赞美是杰出人士的好习惯。优秀服务员必须掌握赞美这个利器。可以不夸张地讲，善于运用赞美的服务员，在餐饮服务中会如鱼得水，应对自如，极少遇到顾客的刁难和不合作。但赞美又是非常难以养成的习惯，毕竟，因为大多数人在生活中已经习惯了"挑剔"。

比如，可将学员分成两队，相向站立。每人向对面站立者做"发现对方优点，给予适度赞美"。培训师讲解赞美的内容、角度、方法，对受训人员做即席赞美，逐步上升至"用赞美的方法处理顾客投诉"。

> **小提示：**
> 赞美的关键在"适度"，太过则"肉麻"，太弱则达不到应有的效果。要让被赞美方感觉结论是自然得出的。

4.激情培训

服务员大多都是把这个行业作为人生中的驿站，而不会将它看作安身立命之所，一旦服务员形成了这种看法，餐饮企业的服务质量则变得岌岌可危，如此一来，提高餐饮运营水平就变成了一句空话。所以，让服务员们在工作中保持高昂的激情至关重要。餐饮行业是高度以人为本的行当，缺少激情，纵使掌握较高的服务水平和技巧，其结果也要大打折扣。

比如，仍然可将学员分成两队，相向站立，每队设队长一名。两队分别以店训为内容，在队长的带领下，以最大声音喊读，尽可能保持节奏整齐，扰乱对方的组织及发挥，能完整先喊读完毕者胜出。

5.倾听培训

有些餐饮人之所以不愿意倾听，原因有两个方面，一是养成了不倾听的习惯；二是对别人的语言找不到兴奋点。

比如，培训时假定发给每人100万元，请根据自己的实际情况，制订一个切实可行的投资计划。培训教师针对每个人的投资计划，与受训人员逐个讨论投资、财富、信念、道德、积累等问题。训练结束后请受训人员撰写训练笔记，字数不得低于600，要求真情实感。

6.自信心培训

从事服务员工作的员工，大多来自农村，家境贫寒，教育落后，克服心理障碍增强人前讲话能力是建立自信心的基础。

比如，将受训服务员分为两组，每组人员围站一圈，圈内设座椅一把。受训人员逐一站到座椅上，以最大声音喊诵企业制度或礼貌礼仪等内容，每人20分钟，至能够自如在人前讲述自己的信念和经历为止。

餐厅经营，服务员作为主力，顾客最先接触的就是他们，那么做好他们相应的培训工作，培养出行为得体、服务良好的服务员，关系到顾客能否再次光临的大问题。

二、调动员工的服务意识

餐饮店应该强调企业、员工和顾客三方共赢的原则，使员工在服务的过程中获得有利于自身的实际利益，从收入、晋升和职业生涯角度去培养员工主动、热情的服务意识，将员工服务意识的焦点转移到对切身利益的关注上来，从员工的切身利益出发，调动员工的服务意识。具体措施如图6-14所示。

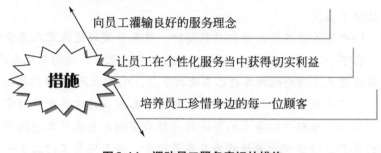

图6-14 调动员工服务意识的措施

1. 向员工灌输良好的服务理念

由于餐饮行业员工流动率极高，很多员工对企业并没有归属感，没有在某一个餐饮店长期工作的心理基础，往往以"此处不留人，自有留人处"的态度对待自己的日常工作，"做一天和尚，撞一天钟"，对餐饮店的工作缺乏责任心，不愿意用心去钻研服务技巧。这时，餐饮店要这样灌输员工——"人与人之间总是在不断地进行价值交换，相互给予和获取"，当员工在餐饮店以劳动获取工资和报酬时，企业就是员工的顾客。当服务员以优质服务在餐饮店中获得更高的工资、报酬和晋升时，表明他对顾客的服务获得了认同；当服务员因工作失误而导致的罚款、减薪和降职，则是由于服务导致了顾客的不满。因此，员工就会认识到，对他人提供良好服务可以帮助服务员在职业生涯的发展上取得更大的成就。

比如，在很多知名餐饮店工作过的员工，即使离开了原来的餐饮店，由于自己的工作简历上显示曾经在这些知名餐饮店工作过，在人力市场上都会获得优先录用的机会，这就是市场对知名企业员工服务能力和工作习惯的一种认同。

所以，餐饮店需要强化员工的顾客观念，帮助员工养成为任何人服务都竭尽全力的良好习惯，使得其获得终生职业的成功。

小提示：

在餐饮行业中，绝大多数员工都是从基层做起的，餐饮店应在员工从事基层工作的过程中向员工灌输优质服务的理念。

2. 让员工在个性化服务当中获得切实利益

餐饮店要时常激励员工在服务过程当中，分析顾客的消费心理。实践中，经常有客人指定某一个服务员为其服务，当这个服务员离职后，该顾客也往往随之流失，甚至追随这个服务员到其新的工作地方消费。对这位服务员而言，这样的顾客已经转变为其特有的顾客资源。企业应以开放的心态，对待这种现象，鼓励每一个员工通过个性化服务赢得对自己忠诚的客人，针对这样的员工企业应该设置激励措施给予重奖。

一次，一个客人来某餐饮店包房就餐时，服务员发现这位客人喜食软糖，口味偏清淡。当下一次客人来时，一进包房就发现包房里摆放的都是他喜欢的糖果，点餐时，服务员又主动向他推荐自己喜欢的菜品，吃惊地说："你们怎么会知道我的喜好？"连声夸服务员工作做得细。此后这个客人成为该餐饮店的常客。餐饮店为了激励员工，除将该服务员的事迹作为经典事例向全体员工通报外，还给该员工丰厚的奖金进行重奖，并提拔为基层管理者，为其他员工树立了一个个性化服务的榜样。

这是通过服务员的个性化服务赢得忠诚顾客的典型例子。

在薪酬体制上，很多餐饮店实行固定工资制，同样工种享受同等待遇。在收入水平上，根据各个岗位进行了适当的划分，总体上迎宾员高于服务员，服务员高于传菜员，传菜员高于洗碗工。有的餐饮店为了平衡同一工种的工作量，还根据工作区域进行划分服务范围，服务员为自己负责区域的客人提供服务，某些区域的客人数量多、劳动强度大，某些区域的客人数量少、劳动强度小，员工的待遇基本一样，通过工作区域的轮换可以解决劳动强度问题，但助长了员工希望轮换到劳动强度小的区域的愿望。由于有固定工资为保证，员工希望客人越来越少，这种工资制度助长了员工的懒散情绪，不利于调动员工开展个性化服务的积极性。

因此，餐饮店普遍实行的固定薪酬分配制度必须改革，可将个人薪酬与公司营业收入直接挂钩，以激励员工工作积极性。为了解决员工工作疲劳的问题，可以在服务员中实行岗位轮岗制，既平衡了劳动强度，培养了复合型人才，还可以提高员工之间的团队意识。

比如，某知名餐饮店员工在酒楼和茶楼间进行轮岗，由于酒楼服务员的工作要求和工作强度比茶楼服务员高，因此其工资比茶楼服务员高300元。每三个月，酒楼和茶楼服务员轮岗一次，轮岗时间为一个月，工资保持原来水平不变。茶楼服务员轮岗到酒楼一个月后，如果他的表现已达到酒楼服务员的要求，就可按新工资水平领薪。这样既提高了员工的工作能力，丰富了员工的工作内容，又保证了酒楼服务员流失时，企业可及时从茶楼服务员中挑选补充。

餐企为了调动员工参与企业管理的积极性，还应制定多种多样的激励措施，如图6-15所示。

措施一	可为员工设立合理化建议奖，员工提出的建议被公司采纳后，给予适当奖励
措施二	可以在企业中开展各种服务技能比赛，根据企业各部门的工作流程和标准制定各自考核指标，每月一评，不限数量，当选者可以获得公司颁发的荣誉证书，并领取适量奖金；连续三个月获得荣誉证书的员工，就可以再次晋级，获得重奖

图6-15 调动员工积极性的措施

> **小提示：**
> 这样做的目的，是培养员工的良性竞争意识、主人翁精神，让他们更关注个人与企业的共同发展。

3.培养员工珍惜身边的每一位顾客

餐饮店的经营成败与顾客流失关系紧密，员工的工作是否稳定跟顾客流失也是息息相关。餐饮店应对员工进行教育，让员工认识到顾客流失与员工职业稳定之间的关系，使员工养成珍惜每一个客人的习惯。

在餐饮店的培训工作中，许多餐饮店忽视了员工工作的稳定、经济收入的提高与顾客流失之间的相互影响，一线服务员对少数顾客的流失不在意，形成思想上承认顾客的重要，行动上却表现为对客服务的忽视、冷漠状态，以致服务人员在对客提供服务时，没有热情，不愿为顾客的额外需求提供服务。

比如，有的餐饮店的服务人员在为部分顾客打包时，常常面无表情、一副苦瓜脸，行动迟缓，甚至以冷漠的态度为客人服务，打包时故意将餐具碰出声音，由此引发的顾客不满导致顾客流失。还有的因为服务员没有对就餐的客人问候或微笑，或信息传递不准确或缺乏应有的菜品知识，或与其他员工聊天，或因工作电话而忽视面对面的顾客，或行动鲁莽或者漠不关心，或过于频繁的销售战术，或不得体、不卫生或太随意的外表打扮，甚至让客人感到不快的语言等个人行为导致的顾客流失。

这种漠视顾客流失的工作氛围一旦成为餐饮店企业文化的一部分，企业顾客流失将不可逆转，企业经营步履维艰，员工失业指日可待。因此，餐饮店要将对客服务的态度从空乏的口号落实到每一个具体行动中，增强员工忧患意识，让员工以珍视自己工作机会的态度珍惜每一个顾客。

三、满足员工的需求

根据马斯洛的需求层次理论，人的各个层次需求在每个阶段都存在，但是侧重点不一样。生理需求和安全需求属于保障因素，就是说这两项需求没有被满足，员工肯定是不满意的；这两项全部满足了，员工只是没有不满意。社交需求、尊重需求和自我实现需求是激励因素，这些需求被满足了，员工才能被激励。员工服务意识受到各个因素的影响，哪个需求层次没有被满足，都会影响员工的服务质量和服务意识。

1. 生理需求的满足

（1）衣食住行。餐饮行业的员工大都来自农村，这些人在大城市人生地不熟，各种生活成本是一笔很大的开销，如要员工自己承担的话，估计把工资花在这上面都不够。如果餐饮店能妥善安排好员工的衣食住行，那么就能解决员工的后顾之忧，员工就能安心工作。

比如，给员工免费提供集体宿舍，解决住的问题；提供一日三餐，解决吃的问题；把房子租在公司附近，解决行的问题；工作时间穿同一制服，穿的问题也解决了。

（2）工资福利。员工出来工作就是为了挣钱，没有竞争力的薪资福利吸引不了员工，也无法留住员工。薪酬福利对外要有竞争力，保证薪酬福利水平在当地、同行业、同规模公司有一定的竞争性；对内要有公平性，根据岗位和贡献论功行赏；还要有合法性，工资政策要合法合规。

比如，工资要及时足额支付，社保和公积金等要按规定给员工缴纳，加班费要按法律法规支付，法定福利要有等。

小提示：

要尽量增加员工的实得收入，因餐饮服务员薪酬水平本来就不高，更换工作容易，有时300元的差距就足以让其离职。

2. 安全需求的满足

（1）培训辅导。培训辅导提高员工技能不但能给餐饮店带来实实在在的好处，也能拓宽员工的发展空间，提高员工的就业能力，增强其职业安全感。餐饮店不但要培训一些基本的操作流程和岗位知识，还要加强服务方面的培训。要让员工从心底理解服务就是餐饮行业的利润来源，搞好服务和他们自身的利益关系密切，从思想上解决为什么要搞好服务的问题。

（2）工作时间。餐饮行业工作时间长，忙闲不均，工作不规律，如果长期下去，对员工身体不好，并且员工也会有疲倦感，影响服务质量。餐饮店要合理评估每个岗位的工作量，从工作设计与排班安排上调整，合理安排每个员工的工作时间，让员工有充足的时间休息，以更好的精神状态投入工作，提高服务质量。

（3）工作强度。针对餐饮行业员工工作量大，工作单调枯燥的特点，餐饮店要合理调整员工的工作强度。

比如，可以把工作场所设计得轻松愉悦，舒缓员工的心情；定期搞一些团队建设活动，加强员工沟通，释放员工的压力；定期轮岗以丰富员工的工作内容，减少疲倦感;通过安排调休解决忙闲不均的问题;适当安排"男女搭配,干活不累";用小奖品鼓励员工参加体育锻炼、举行运动会等。

3. 社交需求的满足

(1)企业文化。企业文化分为精神文化层、制度文化层和物质文化层。通过企业文化的建设,让员工认同公司的发展历程和理念、核心价值观、公司的规章制度和行为规范等,从思想和行为上成为一个公司人。通过企业文化的导向、凝聚、约束和激励作用,可以指引员工向企业希望的方向努力,提高企业的凝聚力,约束员工的行为,激励员工做出业绩,降低管理难度和成本。

比如,可以组织优秀员工评选、优秀领班评选、优秀经理评选、"服务之星"评选等,并给予适当的奖励。

(2)工作氛围。员工来自五湖四海,在大城市里没有亲人,也缺少朋友,难免会有孤独寂寞感。餐饮店要营造一种家的氛围,实施人性化管理。

比如,管理人员可以在下班后和员工一起去唱唱歌;每月集中给过生日的员工开一次生日会。

同时,餐饮店还要丰富员工的业余活动,做到业余活动固定化,可以定期安排一些团建活动,每年组织几次集体旅游等。

另外,餐饮店还要有一套沟通机制,管理人员要和员工定期沟通,了解员工的想法和困难,疏导员工的心理压力,解决员工的实际问题。

(3)组织归属。让员工在餐饮店找到归属感,有利于员工的稳定。餐饮店可以自发组织成立一些非正式组织,让员工在工作之余根据共同的兴趣爱好组织一些活动。这种非正式组织能让员工更有效地沟通和交流,让员工找到归属感,调节心情,释放压力。

管理者也要努力尝试着去培养员工的兴趣爱好,比如体育方面的打羽毛球、网球、乒乓球、篮球,学习方面的看各类文学书籍、专业类书籍,才艺展示方面的唱歌、乐器表演等,有条件的餐饮店每年还可以根据情况举办相关比赛。

4. 尊重需求的满足

(1)工作授权。评价餐饮服务好不好,实际上是客人对餐饮服务的体验,既包括对环境、食物、时间方面的体验,也包括诉求是不是能及时得到满足。

如果员工没有一定的授权,事事都要请示上级,那么客人的诉求就不能及时得到满足,客人的体验感就会下降,直接影响服务质量。

如果员工有了一定的授权,比如可以自行决定给客人送一杯饮料、送一盘水果、送一个小菜等,客人能得到超值体验,满意度提高,员工自身也会感觉受到尊重,有成就感。

（2）参与管理。餐饮店要鼓励员工参与门店的管理，有利于调动员工的积极性，降低管理成本。

比如在制定相关的规章制度时，如果能够吸引员工参与制度的制定，那么他们就会感觉到自己受到企业的尊重和重视，就会积极为企业献言献策，主动遵守规章制度。

又比如，餐饮店可以制定"轮值店长"机制，让员工轮流当一天店长，有利于增强员工的自豪感，加强对其他岗位的了解，减少沟通成本，提高跨部门工作效率。

（3）精神激励。很多时候，员工在意的不是奖励多少钱，更多时候他们在意的是对他们工作的一种表扬和肯定。激励不只是金钱上的激励，还有精神激励，精神鼓励是最节省金钱的手段。

比如，上班前开早会，对服务工作表现好的员工适时进行表扬，或在集体会议上对月度优秀员工颁发奖状，或老板请优秀员工吃饭等，这些激励办法花钱少，但是让员工受到足够的尊重，效果非常明显。

5. 自我实现需求的满足

按照马斯洛的需求层次理论认为，自我需求是指实现个人理想、抱负，发挥个人的能力到最大程度，完成与自己的能力相称的一切事情的需要。也就是说，人必须干称职的工作，这样才会使他们感到最大的快乐。对企业来说，要给员工提供好的发展平台和完善的晋升通道。

（1）发展平台。好的发展平台不但能够提升员工的能力，增加员工收入，还能给员工带来发展空间和良好的职业发展经历。餐饮店要给员工学习机会，提高员工技能，通过任职资格管理，对员工的能力进行等级认证，对员工的能力提升给予认可，并根据能力等级体现待遇差异。

（2）晋升通道。餐饮行业大多是年轻人，年轻人对晋升的渴望非常强烈，因为他们知道等年纪大了，可能就做不了这些工作了。餐饮店应该建立完善的晋升制度和晋升通道。新员工到岗后，餐饮店应该和员工进行有关职业生涯设计方面的面谈，告知员工本店的晋升制度和通道，了解员工对自己的职业发展方向的定位。

同时，结合餐饮店对员工的要求及员工的特长和能力，设计他的职业发展道路并备案。通过职业生涯设计的面谈，使员工对自己今后的努力方向有一个清楚的认识，在不断追求职业发展、实现自我价值的过程中为餐饮店做出贡献，增强对餐饮店的忠诚度，降低离职率。

（3）公平对待。公平包含制度公平、过程公平和结果公平。餐饮店在对员工考核时，一定要注重对服务的考核，同时要注重考核的过程，尽量让员工参与到考核的整个过程，让考核透明化。

比如，有些餐饮店，会把员工每天的考核指标结果写在宣传栏上，达到目视化的效果，既能给成绩优异者一种精神鼓励，也能鞭策落后的员工。考核的结果要和薪酬激励挂钩，多劳多得，少劳少得，不劳不得，在餐饮店内部营造公平的氛围。

四、提高员工的服务质量

餐饮店员工在服务上要给客人以亲切感和"顾客至上""宾至如归"的感觉。作为餐饮服务人员，他们是餐厅形象的代表，因此提高服务质量，更是餐饮人员必须恪守的准则。餐饮店经营者应从如图6-16所示的3个方面着手提高员工的服务质量。

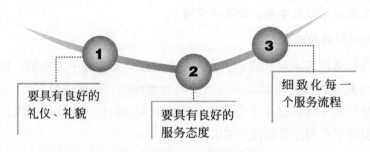

图6-16 提高服务质量的措施

1. 要具有良好的礼仪、礼貌

注重礼仪礼貌是餐饮服务工作最重要的基本要求之一。服务态度的标准就是热情、主动、耐心、周到、谦恭，其核心是对宾客的尊重与友好。礼仪、礼貌可在一定程度上减少顾客对服务员知识和技能欠缺的不满，因此，礼貌是餐饮服务的核心内容，也是餐饮店竞争制胜的决定性因素。

（1）礼仪礼貌表现在外表上，就是要衣冠整洁，讲究仪表仪容，注意服饰发型，在外表形象上给人以庄重、大方、美观、和谐的感受，切忌奇装异服或浓妆艳抹。

（2）在语言上要讲究语言艺术，谈吐文雅，谦虚委婉，注重语气语调，应对自然得体。

（3）在行动上要举止文明，彬彬有礼。

（4）在态度上也要不卑不亢，和蔼可亲，举止自然，力戒矫揉造作。

（5）在接待的过程中，要始终笑脸相迎，具备保持微笑的职业本能和习惯。

2.要具有良好的服务态度

服务人员直接代表着餐饮店的形象，所以，他们服务态度的优劣正是餐饮店文化素养的体现，良好的服务态度会让客人倍感亲切。

首先，餐饮店员工应该做到对待凡事都认真负责。

其次，对待每一位顾客都要秉着"顾客至上"原则，积极主动地为每一位顾客提供全方位的服务。

3.细致化每一个服务流程

对于餐饮店员工来说，要尽力做到服务中的每一个环节都让客人满意。

比如，在点菜过程中，服务人员应该详细地向客人介绍菜肴的特点、色泽、烹饪方法，有必要的话还可以向客人介绍菜肴的来源或者相关的信息，同时还要根据客人的消费能力进行适当的推荐，不要让主人或者客人遇到尴尬的场面。

总之，每一个环节都要让客人感受到礼貌、热情、舒服、自然。

> **小提示：**
>
> 客人的满意度，具体体现在环境、菜品和服务三方面。这三者是有机结合的，服务是将环境和菜品进行有机结合、完美融合的桥梁和纽带，因此它在很大程度上决定了顾客对餐厅的整体满意度。

第7章 控制菜品，降本增效

导言

菜品是餐饮店的生命线。菜品，一是味，一是道，组合在一起叫作味道。菜品有特色，顾客喜欢，回头率高，餐饮店的生命力就强。一家餐饮店，抓住顾客的胃，就等于创造了更多的回头客，可以说离成功不远了。

第1节 菜品开发，餐厅发展的灵魂

回归本质，餐饮的核心还是以美味的菜品吸引顾客，不断推陈出新，持续吸引顾客，才是餐饮经营的王道。如何在满足消费者不断变化的饮食需求及服务，从而提高餐厅的竞争力和经营效益的同时进行菜品的开发和创新，是餐饮店经营者不得不考虑的问题。

新菜品的开发程序，包括从新菜品的构思、创意，到投放市场所经历的全过程，这样的过程一般可分为三个阶段，即酝酿与构思、选择与设计、试制与完善。在具体制作中又有若干方面需要慎重考虑，某一个方面考虑不周全，都会带来菜品的质量问题。

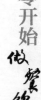

一、菜品的酝酿与构思

新菜品的开发过程，是从寻求创意的酝酿开始的，所谓创意，就是开发新菜品的构想。虽然并不是所有酝酿中的设想或创意都可变成新的菜品，但寻求尽可能多的构想与创意，却可为开发新菜品提供较多的机会。

所以新菜品的产生，都是通过酝酿与构想创意而开始的，新的创意主要来源于广大顾客需求和烹饪技术的不断积累，当然，更多的是从传统菜式中汲取灵感。

二、菜品的选择与设计

选择与设计，就是对菜品创新第一阶段形成的构思和设想进行筛选和优化构思，理清设计思路。在选择与设计创新菜点时，首先考虑的是选择什么样的突破口。

如：原料要求如何；准备调制什么味型；使用什么烹调方法；运用什么面团品种；配置何种馅心；造型的风格特色怎样；器具、装盘有哪些要求等。

对于所选品种，其原料不得是国家明文规定受保护的动物，如熊掌、果子狸、娃娃鱼等，也不得是有毒的原料，如河豚。可以用动物性原料，也可以用植物性原料作为主料。烹制方法尽量不要使用营养损失过多或对人体有害的方法，如老油重炸、烟熏等。

> **小提示：**
>
> 选择品种和制作工艺，应以符合现代人的审美观念和进食要求为目的，为了便于资料归档，创制者应为餐饮店提供详细的创新菜点备案资料。

三、菜品的试制与完善

新菜品构思一旦通过筛选，接下来的一项工作就是要进行菜品的试制。开发的菜品应从如图7-1所示的10个方面来完善。

图7-1　菜品的试制与完善

1.菜品名称

菜点名称就如同一个人姓名、一个企业的名称一样，同样具有很重要的作用。菜品名称取得是否合理、贴切、名实相符，是给人留下的第一印象。因此在为创新菜点取名时，要取一个既能反映菜品特点，又能具有某种意义的菜名，不是一件简单的事情。创新菜点命名的总体要求如图7-2所示。

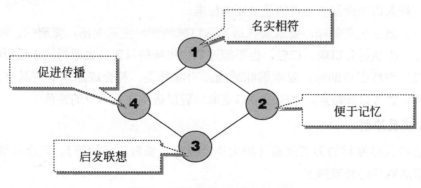

图7-2　创新菜点命名的总体要求

2. 营养卫生

创新菜点要做到食物原料之间的搭配合理，在配置、成菜过程中符合营养原则，在加工和成菜中始终要保持清洁，包括原料处理是否干净，以及盛菜器皿、菜点是否卫生等。

3. 外观色泽

外观色泽是指创新菜点显示的颜色和光泽，它可包括自然、配色、汤色、原料色等。菜点色泽是否悦目、和谐，是菜点成功与否的重要指标。

菜点的色泽可以使人们产生某些奇特的感觉，是通过视觉心理作用产生的，因此菜点的色彩与人的食欲、情绪等方面，存在着一定的内在联系。一盘菜点色彩配置和谐得体，可以产生诱人的食欲，若乱加配伍，没有规律和章法，则会使人产生厌恶之感。

热菜的色指主、配、调料通过烹调显示出来的色泽，主料、配料、调料、汤汁等相互之间的配色要色彩明快、自然、美观。面点的颜色需符合成品本身应有的颜色，应具有洁白、金黄、透明等色泽，要求色调匀称、自然、美观。

4. 嗅之香气

香气是指菜点所显示的火候运用与锅气香味，是不可忽视的一个因素。美好的香气，可产生巨大的诱惑力。

比如，有诗形容福建名菜"佛跳墙"，是"坛启荤香飘四邻，佛闻弃禅跳墙来"。

创新菜点对香气的要求不能忽视，嗅觉所感受的气味，会影响人们的饮食心理和食欲，因此嗅之香气是辨别食物、认识食物的又一主观条件。

5. 品味感觉

味感是指菜点所显示的滋味，包括菜点原料味、芡汁味、佐汁味等。味道的好坏，是人们评价创新菜点的最重要的标准。

（1）创新热菜的味，要求调味适当、口味纯正，主味突出，无邪味、煳味和腥膻味，不能过分口咸、口轻，也不能过量使用味精以致失去原料的本质原味。

（2）创新面点的味，要求调味适当，口味鲜美，符合成品本身应具有的咸、甜、鲜、香等口味特点，不能过分口重或口轻而影响面点本身的特色。

6. 成品造型

造型包括原料的刀工规格（如大小、厚薄、长短、粗细等）、菜点装盘造型等，即成熟后的外表形态。

中国烹调技艺精湛，花样品种繁多，在充分利用鲜活原料和特色原料的基础上，包卷、捆扎、扣制、茸塑、裱绘、镶嵌、捏挤、拼摆、模塑、刀工美化等造型方法的运用，构成了一盘盘千姿百态的"厨艺杰作"。创新菜点的造型风格如何，的确会让人在视觉审美中先入为主，是值得去推敲和完善的。

对于菜点的造型，要求如图7-3所示。

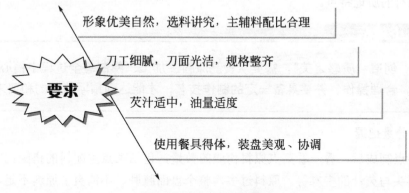

图7-3　菜点造型的要求

菜品可以适当装饰，但不得搞花架子，喧宾夺主，因摆弄而影响菜肴的质量。凡是装饰品，尽量要做到可以吃的（如黄瓜、萝卜、香菜、生菜等），特殊装饰品要与菜品协调一致，并符合卫生要求，装饰时生、熟要分开，其汁水不能影响主菜。

面点的造型要求大小一致，形象优美，层次与花纹清晰，装盘美观。为了陪衬面点，可以适当运用具有食用价值的、构思合理的少量点缀物，反对过分装饰，主副颠倒。

7.菜品质感

质感是指菜品所显示的质地，是指菜点的成熟度、爽滑度、脆嫩度、酥软度等。它是菜点进入口腔后引起的口感，如软或硬、老或嫩、酥或脆、滑或润、松或糯、绵或黏、柔或韧等。

菜点进入口腔中产生物理的、温度的刺激所引起的口腔感觉，是创新菜品所要推敲的。尽管各地区人们对菜品的评判有异，但总体要求如图7-4所示，使人们在咀嚼品

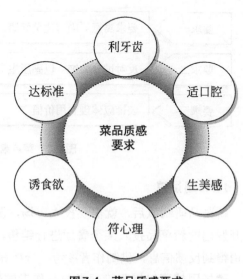

图7-4　菜品质感要求

尝时，产生可口舒适之感。

不同的菜点产生不同的质感，要求火候掌握得当，每一菜点都要符合各自应具有的质地特点。除特殊情况外，蔬菜一般要求爽口无生味，鱼、肉类要求断生、无邪味，不能由于火候掌握不当，造成过火或欠火；面点要求火候适宜，符合该面点应有的质地特点。

> **小提示：**
>
> 创造"质感之美"，需要从食品原料、加工、熟制等全过程中精心安排，合理操作，并要具备一定的制作技艺，才能达到预期的目的和要求。

8. 分量把握

菜点制成后，看一看菜点原料构成的数量，包括菜点主配料的搭配比例与数量、料头与芡汁的多寡等。原料过多，整个盘面臃肿、不清爽；原料不足，或个数较少，整个盘面干瘪，有欺骗顾客之嫌。

9. 盘饰包装

创新菜研制以后需要适当的盘饰美化，这种包装美化，不是像一般的商品那样去精心美化和保护产品，菜品的包装盘饰，最终目的在于方便消费者，引发人们的注意，诱人食欲，从而尽快使菜点实现其价值。

所以需要对创新菜点进行必要的、简单明了的、恰如其分的装饰，其要求如图7-5所示。

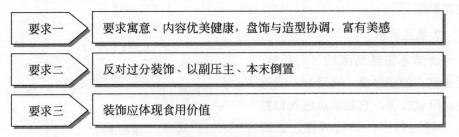

图7-5　菜点盘饰的要求

10. 市场试销

新菜品研制以后，就需要投入市场，及时了解客人的反映。市场试销就是指将开发出的新菜品投入某个餐厅进行销售，以观察菜品的市场反应，通过餐厅的试销得到反馈信息，供制作者参考、分析和不断完善。

赞扬固然可以增强管理者与制作者的信心，批评更能帮助制作者克服缺点。

对就餐顾客的评价信息需进行收集整理，好的意见可加以保留，不好的方面再加以修改，以期达到更加完美的效果。

菜品创新的规律

就像任何事物都要遵循一个规律一样，在菜品创新上也不例外，不讲原则地乱创，忽略菜品创新的发展规律是如何都行不通的。

创新菜可以是原料上的创新，不同的原料配搭在一起，比如新原料与传统原料相结合、新原料与新原料相结合，或是不同的原料组合在一起，都可以说是一种创新；再有就是口味创新，相同的原料换成不同口味去做，就可以说是口味上的一种创新；还有包括刀工技法的创新、盘式的创新、烹调方法的创新等。以下介绍15条菜品创新的规律。

1.必须要有扎实的基本功

基本功是创新菜品的最基本也是最重要的环节。必须将基本功纯熟掌握，刀工、刀法以及火候的掌握必须做到娴熟于心。刀工、各种刀法自不必说，就火候的掌握来说，就需要花大功夫来研究它。所谓的火候，就是在烹调操作过程中所用的火力大小和时间长短，只有运用得恰到好处，才能烹制出美味菜肴，才能被食客接受，也只有掌握了这些规律，才能将食材运用自如、变化自如。

2.必须明晰各种调味料的属性

无论哪个菜系，无论哪些调味料，大体都逃不出苦、辣、酸、甜、麻、咸、鲜这七味，但如何合理运用这七种味道，使其升腾出成百上千的不同滋味，就需要厨师必须明晰各种调味料的属性，如何合理配搭是创新菜的关键点之一。

就像作曲家，能用1234567七个音符谱写出无穷无尽悠扬悦耳的乐曲，同时在形式上也多种多样，有摇滚、有流行、有民歌、有美声等，但无论是哪类乐曲，都是那七个音符配搭而成的。同样，厨师用苦、辣、酸、甜、麻、咸、鲜这七种基本的味道，完全也可以将菜品的味觉烹制得千变万化，多种多样。

现在，全国各地的调味品和风味味型诸多，加之外国引进的一些特色味型和调味品的应用，足够我们去开拓、创制和运用。假如在原有菜点中就口味味型和调味品的变化方面深入思考,更换个别味料,或者变换一下味型,就会产生一种与众不同的风格菜品。只要我们敢于变化,大胆设想,就能产生新、奇、特的风味特色菜品。

3.不能违背本地区大多数人的口味与饮食习惯

这一点毋庸置疑。创新菜无论怎么创,如果偏离了本地区大多数人的饮食习惯,那绝对是行不通的。

比如粤菜创新,要首先得到本地区人们的广泛认可后,再发扬推广到全国,不能说在粤语地区做出来的菜品,大部分东北人都爱吃,而粤语地区的人群却不感兴趣,那样的话,也就偏离了菜系本身了。

4.尊重传统但不迷信传统

这也是创新菜需要遵循的一大原则。尊重传统,就是要让传统的东西为现代服务,不迷信传统,就是说传统的有些烹饪手段或者手法,现在看来相对是不科学的,就需要我们将其摒弃。

5.将传统的烹饪方法与现代科技相结合

这一点非常考验一名厨师的应变能力与接受新事物的能力,同时,这也可以说是创新菜的一个捷径。

随着科技的发展,现代的一些新式厨具、设备层出不穷,掌握他们的使用方法与技巧,对创新菜无疑是一种简单的飞跃。即便是用传统的烹饪手法,用这些新式厨具、设备烹制出来,都可以说是一种创新。

6.学会合理借鉴与整合

借鉴与整合,可以说是菜品创新的一个手段,这一点在粤菜里的体现尤为明显。

粤菜里许多种被大众认可的创新菜,都有借鉴的成分在里面。借鉴其他菜系甚至是西餐的菜式,再辅以粤菜地区特有的食材进行烹制,衍生出所谓的新派粤菜,可以说是粤菜创新菜得以不断推出且认可的一大法宝。其他菜系亦可以如此借鉴、整合,不仅是原材料,亦包括烹调技法等诸多方面。

7.菜点结合或将成为趋势

所谓的菜点结合,是菜肴、点心在加工制作过程中,将菜、点有机组合在一起成为一盘合二为一的菜肴。这种菜肴和点心结合的方法,成菜时菜点交融,食用时一举两得,既尝了菜,又吃了点心,既有菜之味,又有点之香。

8.要更加符合制作简洁、上菜迅速的要求

作为食客,有两个最头疼的事情,一个是上菜慢,一个是口味不能保持

一致,其实这也是餐饮企业经营者最头疼的事情。那么,在创新菜品时,我们就要尽可能地将上菜快、口味如何保持一致这些因素考虑进去。

比如是不是可以研制一种汁酱,原料滑油或飞水后,用汁酱一裹,勾芡后即可出菜的菜式等。

9.要懂得膳食平衡与营养调配

吃饱、吃好目前已不能满足食客的需求了,吃出健康来,才是现代饮食的极致。这无疑需要厨师在熟练掌握烹调手法的前提下,对膳食平衡与营养调配方面的知识也要基本掌握。在创新菜品时要充分将健康因素考虑进去,这样食客才会"买账"。

由此,回避合成食品原料,多开发利用绿色食品,将是创新菜的一大方向。

10.创新菜的灵感往往在"诗外"

除了专业,如果有时间,厨师们应该多涉及一些其他领域的知识,是激发菜品创新灵感的一大源泉。比如了解时政、阅读、旅游、与同行交流等,就是菜品创新的一个有效途径。

就拿金融危机来说,厨师们不可能有前瞻性,但事情发生后的应变能力却是我们应该有的,这种应变能力最直接的就应该体现在菜品创新上。人们现在钱袋都捂得紧了,纯粹的鲍鱼、鱼翅的点击率肯定下降,那么这些精细原料与大众原料是不是能合理配搭,在保持精细原料味道不变的前提下,加入一些大众原料,减少精细原料的数量,使成本降低,菜价相应下降,或许就能赢得食客的广泛青睐。

11.盘饰上的创新必不可少

色、香、味、形、质、器,尽管一道终极美味的六要素,形和器被摆在了最后说,但不能不承认,这两点却是烘托整个菜式最关键,也是菜品是否诱人不可或缺的要素。雕花和简单的花草装饰貌似已经不能满足日益多元化的菜式需求了,那么如何创新,很大的一个方面就是要在餐具器皿上多下些功夫。

菜品配置的餐具器皿就其风格来说,有古典的、现代的、传统的、乡村的、西洋的等多种,不同款式的餐具,如陶瓷、玻璃、不锈钢、竹木、蒇等多种并用,形态各异,未来食器的发展,还有待于我们不断地去努力、去设计、去制作。

自己设计、定制出品菜肴的器皿,或许将来会是大势所趋。同样的一道菜，用新颖、奇特却适合的器皿装扮，绝对能给食客以眼前一亮的感觉。

12. 要全面考虑到宴会的特殊要求

不可否定，创新菜式有很多是需要在宴会中试点后，再进行推广的。

那么，在创新菜的同时，就需要厨师按照宴会的主题要求、规格要求、礼仪要求来进行设计创作，而且还要考虑到菜点的艺术价值，更要考虑到菜点的适应性。如烹饪原料的适应性、饮食习惯的适应性等。

13. 亦要符合经济实惠的大众化要求

创新菜的推出，要有生命力，还必须要坚持以大众化原料为基础，通过各种技法的加工、切配、调制，做出独特的新品菜。一道美味佳肴，只有为大多数消费者所接受，才能有所发展，才能得到广泛推广。

创新菜的推广，更要立足于一般易取原料，价廉物美，广大老百姓能够接受，其影响力也就十分深远。

14. 食用性要永远摆在第一位

作为创新菜，首先应具有食用的特性，只有能使食客感觉好吃，而且感到越吃越想吃的菜，才有生命力。不能说一味追求盘饰，或是一味追求新食材，而忽略可食本身。一盘菜上来，半盘菜不能吃，纯装饰，倒是好看，想来客人下次绝不会再点了。

不论什么菜，从选料、配伍到烹制的整个过程，都要考虑做好后的可食性程度，以适应顾客的口味为宗旨。创新菜的原料并不讲究高档、珍贵，烹制工艺过程也不追求复杂、烦琐，而需要的是在食用性强的前提下做到物美、味美。

15. 要有利原料综合开发和充分应用

开源节流、杜绝浪费，是厨房里的老生常谈，但也是亘古不变的真理。在创新菜品上，厨师应尽可能地考虑成本因素，创新既要根据原料性状、营养、功能开发菜点，而且还要把传统烹饪习惯上的废弃原料（边角余料）充分利用，发挥原料应有的作用，达到物尽其用的目的，从而达成既充分利用资源，又保护生态环境和有益于顾客身体健康的要求。充分利用原料的主、辅、调之间的标准合理搭配，来降低成本，使销售价格控制在最低限度，以达到吸引更多食客的目的。

第2节 菜品质量,餐厅生存的基础

厨房的出品质量,是整个餐厅赖以生存的基础,菜品质量不稳定是经营失败的一大原因。所以,菜品质量就是餐饮企业的生命线。

一、制定控制标准

制定标准,可统一生产规格,保证产品的标准化和规格化,从而保证菜品的质量。

1.标准菜谱

标准菜谱是以菜谱的形式,列出用料配方,规定制作程序,明确装盘形式和盛器规格,指明菜肴的质量标准,每份菜肴的可用餐人数、成本、毛利率和售价。标准菜谱的要求如图7-6所示。

要求一	形式和叙述简单易懂,便于阅读
要求二	原料名称确切,如醋应注明是白醋、香醋还是陈醋,原料多少要准确,易于操作,按使用顺序排列,说明因季节供应的原因需用替代品的配料
要求三	叙述用词准确,使用熟悉的术语,不熟悉或不普遍的术语应作详细说明
要求四	由于烹调的温度和时间对产品质量有直接的影响,制定标准菜谱应详细标明操作时的加热温度范围和时间范围,以及制作中产品应达到的标准
要求五	列出所用餐具的大小和规格,因为它也是影响烹饪产品成败的一个因素
要求六	说明产品的质量标准和上菜方式,言简意赅
要求七	任何影响质量的制作过程都要明确规范流程

图7-6 标准菜谱的要求

2.标量菜单

标量菜单是一种简单易行的控制工具,它是在菜单的菜名下面,分别列出每个菜肴的用料配方,用它来作厨房备料、配份和烹调的依据。在使用标量菜单进行控制时,需另外制定加工规格来控制加工过程的生产,不然原料在加工过程中仍然有可能被浪费。

3.生产规格

生产规格是指加工、配份、烹调等三个流程的产品制作标准,具体如图7-7所示。

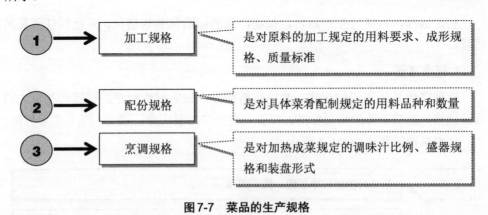

图7-7 菜品的生产规格

> **小提示:**
> 以上每一种规格就成为每个流程的工作标准,餐饮店可用文字制成表格,张贴在工作处随时对照执行,使每个参与制作的员工都明了自己的工作标准。

4.其他形式

另外,还有各种形式的生产控制工具,如制备方法卡、制作程序卡、配份规格、分菜标准配方卡等。

二、质量检查与质量监督

1.强化"内部顾客"意识

"内部顾客"意识,即是员工与员工之间是客户关系,每下一个生产岗位就是上一个生产岗位的客户,或者说是每上一个生产岗位就是下一个生产岗位的供应商。

比如，初加工厨师所加工的原料如果不符合规定的质量标准，那么切配岗位的厨师不会接受，其他岗位之间可以依此类推。

小提示：

采用这种方法，可以有效控制每一个生产环节，将不合格"产品"消除，从而保证菜品的质量。

2. 建立质量经济责任制

将菜品质量的好坏、优劣与厨师的报酬直接联系在一起，以加强厨师菜品加工过程中的责任心。

比如，有的餐饮店规定，如果有被客人退回的不合格菜品，当事人不但要按照该菜肴的销价埋单，还要接受等量款额的处罚，并且记入考核成绩。

三、菜品质量控制方法

厨房产品质量受多种因素影响，其变动较大。餐饮店要想确保各类出品质量的稳定和可靠，就要采取各种措施和有效的控制方法来保证厨房产品品质符合要求。

1. 阶段控制法

（1）原料阶段控制。菜点质量原料阶段控制措施可从表7-1所列的三个方面来进行。

表7-1　菜点质量原料阶段的控制措施

序号	阶段	具体措施
1	原料采购	要确保购进原料能最大限度地发挥其应有作用，使加工生产变得方便快捷，没有制定采购规格标准的一般原料，也应以保证菜品质量、按菜品的制作要求以及方便生产为前提，选购规格分量相当、质量上乘的原料，不得乱购残次品
2	原料验收	验收各类原料，要严格依据采购规格标准进行，对没有规定规格标准的采购原料或新上市的品种，对其质量把握不清楚的，要认真检查，从而保证验收质量
3	原料储存	严格区分原料性质，进行分类储藏；加强对储藏原料的食用周期检查，杜绝过期原料再加工现象；同时，应加强对储存再制原料的管理，如泡菜、泡辣椒等，如这类原料需要量大，必须派专人负责；厨房已领用的原料，也要加强检查，确保其质量可靠和卫生安全

（2）生产阶段控制。菜点质量生产阶段主要应控制申领原料的数量和质量，以及菜点加工、配份和烹调的质量，具体见表7-2。

表7-2 菜点质量生产阶段的控制措施

序号	阶段	具体内容
1	加工	（1）严格计划领料，并检查各类原料的质量，确认符合要求才可加工生产 （2）对各类原料的加工和切割，一定要根据烹调的需要，制定原料加工规格标准，保证加工质量 （3）对各类浆、糊的调制建立标准，避免因人而异的盲目操作
2	配份	（1）准备一定数量的配菜小料即料头，对大量使用的菜肴主、配料的控制，则要求配份人员严格按菜肴配份标准，称量取用各类原料，以保证菜肴风味 （2）随着菜肴的翻新和菜肴成本的变化，及时调整用量，修订配份标准，并督导执行
3	烹调	（1）开餐经营前，将经常使用的主要味型的调味汁，批量集中兑制，以便开餐烹调时各炉头随时取用，以减少因人而异时常出的偏差，保证出品口味质量的一致性 （2）根据经营情况确定常用的主要味汁，并制定定量使用标准

（3）消费阶段控制。菜点质量消费阶段控制可从表7-3所列的两个方面进行。

表7-3 菜点质量消费阶段的控制措施

序号	阶段	具体内容
1	备餐	备餐要为菜肴配齐相应的佐料、食用和卫生器具及用品，一道菜肴配一到两个味碟，一般由厨房自行按每个人头配制；对备餐也应建立相应规定和标准，督导服务，方便顾客
2	上菜	服务员上菜服务，要及时规范，主动报菜名，对食用方法独特的菜肴，应向客人作适当介绍或提示

2.岗位职责控制法

利用岗位分工，强化岗位职能，并施以检查督促，对厨房产品的质量也会有较好的控制效果。具体控制措施见表7-4。

表7-4 菜点质量岗位职责控制法

序号	控制方法	具体措施
1	所有工作均应落实	（1）厨房所有工作应明确划分，合理安排，毫无遗漏地分配至各加工生产岗位 （2）厨房各岗位应强调分工协作，每个岗位所承担的工作任务应该是本岗位比较便利完成的，厨房岗位职责明确后，要强化各司其职、各尽其能的意识 （3）员工在各自的岗位上保质保量及时完成各项任务，其菜品质量控制便有了保障
2	岗位责任应有主次	（1）将一些价格昂贵、原料高档，或针对高规格、重要身份顾客的菜肴的制作，以及技术难度较大的工作列入头炉、头砧等重要岗位职责内容，在充分发挥厨师技术潜能的同时，进一步明确责任 （2）对厨房菜肴口味，以及对生产面上构成较大影响的工作，也应按规定让各工种的重要岗位完成，如配兑调味汁、调制点心馅料、涨发高档干货原料等 （3）员工要认真对待每一项工作，主动接受督导，积极配合、协助完成厨房生产的各项任务

3.重点控制法

菜点质量重点控制法是指对重点岗位和环节、重点客情和任务、重大活动的控制，具体措施见表7-5。

表7-5 菜点质量重点控制法

序号	控制点	具体措施
1	重点岗位、环节控制	（1）对厨房生产运转进行全面细致的检查和考核 （2）对厨房生产和菜点质量的检查，可采取餐厅自查的方式，凭借顾客意见征求表或向就餐顾客征询意见等方法 （3）聘请有关专家、同行检查，进而通过分析，找出影响菜品质量问题的主要症结所在，并对此加以重点控制，改进工作从而提高菜品质量
2	重点客情、重要任务控制	（1）从菜单制定开始就要有针对性，就要强调有针对性地在原料的选用到菜点的出品全过程中，重点注意全过程的安全、卫生和质量控制 （2）餐饮店要加强每个岗位环节的生产督导和质量检查控制，尽可能安排技术好、心理素质好的厨师为其制作 （3）对于每一道菜点，尽可能做到设计构思新颖独特，安排专人跟踪负责，切不可与其他菜点交叉混放，以确保制作和出品万无一失 （4）在客人用餐后，还应主动征询意见，积累资料，以方便今后的工作

续表

序号	控制点	具体措施
3	重大活动控制	（1）从菜单制定着手，充分考虑各种因素，开列一份（或若干）具有一定特色风味的菜单 （2）精心组织以及合理使用各种原料，适当调整安排厨房人手，计划使用时间和厨房设备，妥善及时地提供各类出品 （3）厨房生产管理人员、主要技术骨干均应亲临第一线，从事主要岗位的烹饪制作，严格把好各阶段产品质量关 （4）有重大活动时，前后台配合十分重要，走菜与停菜要随时沟通，有效掌握出品节奏 （5）厨房内应由餐厅指挥负责，统一调度，确保出品次序 （6）重大活动期间，加强厨房内的安全、卫生控制检查，防止意外事故发生

四、有效控制异物的混入

客人在进餐时，偶尔会在菜品中发现异物，一般属于严重的菜点质量问题。菜肴中异物的混入往往给就餐的客人带来极大的不满，甚至会向餐饮店提出强烈的投诉，如果处理不当，就会严重影响门店的形象和声誉。

1. 常见的异物种类

常见的异物主要有以下9种。

（1）金属类异物：清洁丝、螺丝钉、书钉等。

（2）纸屑、烟蒂等。

（3）头发、动物毛。

（4）布条、线头、胶布、创可贴。

（5）杂草、木屑、竹刷棍等。

（6）碎玻璃渣、瓷片。

（7）骨头渣、鱼骨刺、鱼鳞。

（8）砂粒、石渣、泥土等。

（9）小型动物：苍蝇、蚊虫、飞虫、蜘蛛。

2. 控制异物的措施

菜品中混入杂物、异物，会造成菜品被有害物质污染。尽管有的异物可能不等于有害细菌，但给客人的感觉是反感的；有些异物在进餐中如果不小心的话，可以给客人造成直接身体伤害，如碎玻璃渣、钢丝等。因此，餐饮店应采取如图7-8所示的有效控制措施，避免菜品中混入杂物、异物。

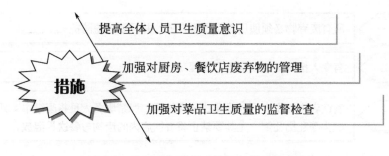

图7-8 控制菜品中混入杂物、异物的措施

(1) 提高全体人员卫生质量意识。提高全体人员卫生质量意识，是指强化菜品加工人员、传菜人员、服务人员（分餐人员）的个人卫生的管理，具体措施如图7-9所示。

措施一	所有与菜品接触的员工必须留短发，男员工不许留胡子
措施二	采取厨房员工上班必须戴帽子、服务人员喷发胶等预防措施，避免头发落入菜中；严格执行作业时的操作规程和卫生标准
措施三	原料初加工的过程，必须将杂物剔除干净，尤其是蔬菜类的拣选加工
措施四	切割好的原料放置在专用盒中，并加盖防护，避免落入异物
措施五	抹布的使用要特别注意，避免线头等混入菜料中
措施六	传菜过程中必须加盖
措施七	使用清洁丝洗涤器皿时，一定要认真仔细，避免有断下的钢丝混入菜中
措施八	后勤人员保养维护烹饪设备时要严禁将螺丝钉、电线头、玻璃碴等乱扔乱放

图7-9 提高全体人员卫生质量意识的措施

(2) 加强对厨房、餐饮店废弃物的管理。加强对厨房、餐饮店内废弃物的管理，严禁员工随地乱扔、乱放、乱丢废弃不使用的零散物品、下脚料及废弃物等，也是防止异物、杂物混入菜品的卫生管理的重要内容之一，具体措施如图7-10所示。

措施一	所有废弃物必须使用专门设备存放，并且要加盖防护
措施二	有专人按时对垃圾桶进行清理
措施三	餐饮店内应设专门的隐藏式废弃物桶，严禁服务人员将废纸巾、牙签、烟头等乱扔乱倒，尤其要禁止将餐饮店内的废物与餐饮具混放在一起

图 7-10　加强对厨房、餐饮店废弃物的管理措施

（3）加强对菜品卫生质量的监督检查。平常菜品中的异物都是由于对菜品的加工、传递过程中缺少严格的监督与检查造成的，因此必须加强各个环节对菜品卫生质量的监督与检查，具体措施如图 7-11 所示。

措施一	建立专门的质检部门，并设专职的菜品卫生质量检查员
措施二	从初加工、切配、打荷、烹制、划菜、传菜、上菜、分餐等环节的岗位员工，必须对原料或菜品成品认真检查，杜绝一切可能混入菜品中的杂物
措施三	每下一工序或环节对上一工序或环节的卫生质量进行监督，发现卫生问题，立即退回重新加工处理
措施四	实行卫生质量经济责任制，对菜品中发现的异物、杂物的混入事件进行严肃处理与处罚，以引起全体员工的重视

图 7-11　加强对菜品卫生质量监督检查的措施

第 3 节　菜品成本，餐厅营利的关键

菜肴成本由原材料成本、人工成本和经营费用三部分组成。菜肴成本的控制贯穿原材料的采购、验收、储存、发放、加工、烹调和销售的全过程。

一、生产前的控制

生产前控制包括采购、验收、储存和发放，具体措施见表 7-6。

表7-6 菜肴生产前控制措施

序号	类别	控制方法
1	采购控制	（1）严格编制厨房采购明细单，厨师长或厨部的负责人每天晚上根据餐厅的经营收支、物资储备情况确定物资采购量，并填制采购单报送采购部 （2）严格控制采购数量，在决定采购数量时，既要考虑市场的行情（如下个月的燃料油价将上涨，现在就可以大量购进），又要考虑储存时的人力和电力等费用 （3）严格采购询价报价体系，专门设立物价核查制度，定期对日常消耗的原辅料进行广泛的市场价格咨询
2	验收控制	检验购进的食材的质量是否符合厨房生产的要求，数量和报价是否和订货量价一致
3	储存控制	（1）保证各种食材的质量和数量，尽量减少自然损耗 （2）注意掌握各种食材的日常使用和消耗动态，合理控制库存，加速资金周转 （3）科学地整理、分类存放各种食材，便于收发盘点
4	发放控制	（1）鲜货管理员应该统计出当天的鲜货入厨的品种、数量、金额 （2）干货调料在发放时应该严格根据领料单发货 （3）规范干货调料的发放时间和次数，避免随便领料，减少浪费

二、生产中的控制

生产中的控制包括加工过程的控制、配份过程的控制、烹调过程的控制三个方面。

1. 加工过程的控制

加工过程包括了食材初加工和细加工。初加工是指食材的初步整理和洗涤，而细加工是指对食材的切制成形，在这个过程中应对加工净出率和数量加以严格控制。

食材的净出率即食材的利用率，餐厅应制定好各种净出率指标。加工数量应以销售预测为依据，满足需要为前提，留有适量的储存周转量，避免加工过量而造成浪费，并根据剩余量不断调整每次的加工量。

2. 配份过程的控制

配份过程的控制是食品成本控制的核心，也是保证成品质量的重要环节。

在配份中应执行相关规格标准，使用称量、计数和计量等控制工具。通常的做法是每配两份到三份称量一次，如果配制的分量是合格的可接着配，然而当发觉配量不准,那么后续每份都要称量,直至确信合格了为止。

小提示:

餐饮店应严格执行凭单配发,配菜厨师只有接到餐厅客人的订单,或者规定的有关正式通知单才可配制,保证配制的每份菜肴都有凭据。

3.烹调过程的控制

从烹调厨师的操作规范、制作数量、出菜速度、剩余食品4个方面加强监控。具体见表7-7。

表7-7 烹调过程的控制

序号	类别	具体内容
1	操作规范	必须督导炉灶厨师严格按操作规范工作,任何违规做法和影响菜肴质量的做法都应立即停止
2	制作数量	应严格控制每次烹调的生产量,这是保证菜肴质量的基本条件,少量多次的烹制应成为烹调制作的基本原则
3	出菜速度	在开餐时要对出菜的速度、出品菜肴的温度、装量规格保持经常性的督导,阻止一切不合格的菜肴出品
4	剩余食品	剩余食品在经营中被看作是一种浪费,即使被搭配到其他菜肴中,或制成另一种菜

三、生产后的控制

生产后的成本控制主要体现在实际成本发生后,财务部将各项成本率和计划成本率提供给厨房进行比较、分析,找出问题,分析原因,及时调整,为下一次制订生产预测和计划提供依据,为餐厅盈利。

1.找差异

餐饮店可将昨日理论成本与鲜货管理员报来的昨日直拨厨房总额数和干货管理员报来的昨日厨房领货总额对比,找出差异的原因。发生差异的原因有以下6点。

(1)昨日领货过多,厨房有大量剩余的食材或半成品,或前天剩余过多,导致昨日领货较少。

(2)标准配方卡不准确。

(3)菜肴的分量可能偏离了标准,生产环节可能发生了浪费。

（4）采购环节或验收环节可能出现了问题。

（5）是否有些食材的价格最近波动较大。这些价格的波动能导致哪些菜肴的成本发生变化，这些菜肴每天销售了多少，造成了多大的影响，是否建议相关部门做售价调整。

（6）销售排行前几名的单项菜肴的毛利率是否偏高，最不受欢迎的菜肴有什么问题，为什么不受欢迎，是厨师的因素还是市场的因素，是否需要调整。

2.分类汇总

不考虑厨房库存因素，餐饮店应每半月对菜肴的成本进行一次分类汇总，并参加成本分析会，通报半月以来的菜肴成本控制情况。

3.盘点

餐饮店应每月底对厨房进行盘点，并考虑存货和退料情况，做月底成本综合分析。

第8章 花样促销，带动销售

 导言

为吸引顾客、娱乐顾客而举办的活动，营销学上称为办活动，即是为了促销宣传广告的目的策划的活动。无论选择哪种类型的方式，其目的殊途同归，都是为了强化自己门店在市场中的竞争力，追求最大的利益。

第1节 促销，定好价格

对于餐饮店来说，定价就是定客群，不同的产品价格消费群体一定不同，市场份额和发展前景不同，竞争对手和竞争策略也完全不同，对餐饮企业自身的资源要求和配置也完全不一样，所获得的发展空间、收入和利润也千差万别。

一、定价需考虑的因素

餐厅在给菜品定价时要考虑材料成本、人员费用、场地租金等直接成本，此外，定价时也不能忽略相邻餐厅的竞争和顾客心理等因素。

1. 相邻餐厅的竞争

一家餐厅的最大竞争者就是与其相邻的餐厅，特别是同类型餐厅。

比如，经营者开的是一家湘菜馆，而附近也有三四家湘菜馆，那么经营者一定要了解其他湘菜馆的菜单，了解他们的热销菜品种类及其定价。经营者可以采用创新菜品或者是以为某个菜品设置低价的方式切入市场，以此来吸引更多的顾客。

2. 把握顾客心理

经营者要根据自己餐厅的主要顾客群来制定菜品的价格，如果餐厅开在高档商业区，那么顾客一般不会太计较价格，而更为看重菜品质量；如果餐厅开在学校附近，则要以价格实惠来吸引顾客。合理利用尾数定价策略可以增强顾客的消费欲望。如同样一盘菜，定价18.8元与20元，其实只相差了1.2元，但是可能18.8元的定价会增加更多销量。

二、定价的策略

有一些定价技巧可以帮助经营者在定价过程中于成本、利润与经营理念上取得平衡，同时使确定的定价不至于太高，致使竞争者有机可乘，也不会因售价太低而使经营者利润微薄。

一般餐厅采用的定价策略有以下3种。

1. 合理价位

合理即指在餐厅有利润的前提下，以餐饮成本为基数，通过计算制定出来的价格。比如，菜品成本比例为46%，即菜品的成本约占定价的46%。

2. 高价位

有些餐厅菜单的价格定得比合理价位高出许多，但是使用高价位策略的餐厅需要满足如图8-1所示的条件。

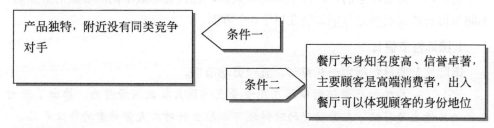

图8-1　使用高价位策略应满足的条件

3. 低价位

如果店里推出了新菜品或是有某种食材大量堆积，为了促销新产品或为了出清存货、求现周转，经营者可以把菜单价格定在成本价或比成本略低的价格，这样可以实现薄利多销。

> **小提示：**
>
> 在执行高价位策略时，需配合高品质的产品及完善的服务等，这样顾客才能接受。

第2节　促销，选好时机

在我国早就有天时、地利、人和的说法，机遇是客观存在的，但能否抓住机遇、利用机遇，则决定于人们主观上的认识能力和决策能力。对于餐饮经营者而言，时机选得好，促销活动就能达到盈利、吸引更多客人的目的。

一、节假日促销

节假日是人们庆祝和娱乐的日子，对于餐饮店而言，每一个节假日都意味着一个消费高峰的到来。所以餐饮店可将节庆假日作为主体卖点，利用节假日进行促销。

在节日进行餐饮推销，需要将餐饮店装饰起来，烘托出节日的氛围。并且，经营者要结合各地区风俗组织促销活动，使活动多姿多彩，使顾客感到新鲜和欢愉。

另外，还需要注意的是，在不同的节假日，往往会形成不同的餐饮消费热点。不同节假日的消费热点分别体现在以下6个方面。

1. 国际性节假日

国际性节假日包括六一儿童节、五一劳动节等。

比如，一些餐饮店意识到隐藏在儿童身上的巨大餐饮消费潜力，推出了形形色色的儿童主题餐饮；在劳动节的时候还可以推出针对广大劳动者的餐饮菜品。

2. 中国传统节假日

中国传统节假日包括春节、清明节、端午节、中秋节、重阳节等。

比如，春节餐饮消费求喜庆、求团圆，因此，春节促销要抓住这一特点，通过抽奖、赠品派送等方式增加节日餐饮的娱乐性。

餐饮店可通过相应的设置，宣传有关传统节假日的文化典故，组织策划有关节日的专题促销活动，并推出各种主题菜品，深化人们对中国传统文化的认识。

3. 西方传统节假日

西方传统节假日主要包括圣诞节、复活节、情人节、母亲节、父亲节、万圣节、感恩节等。餐饮店可以成为介绍健康外来文化的场地，而通过开展主题促销的形式介绍西方文化正是最佳方式。

近年来，圣诞节成为最热的餐饮消费点，餐饮店可以通过独特的主题色彩、环境布置、活动安排强化小店与众不同的圣诞主题餐饮卖点。

4. 职业类节假日

职业类节假日包括教师节、秘书节、记者节、护士节等职业类的节假日，这些节假日往往为某些特殊职业的从业人员而设，餐饮店可以在这样的节日中，通过开展主题餐饮联络与这部分宾客的感情。

5. 大型会议期间

在当地举办大型会议期间，外国、外地顾客较多，餐饮店可以举办以当地特色菜肴或地方风味小吃为主题的促销活动。

6. 特殊时期

如高考期间推出高考餐饮促销活动；暑假期间推出暑期儿童套餐等。春节、五一、十一这三次长假也有不同的餐饮消费特点。

二、季节性促销

餐饮店可以在不同的季节进行不同的促销,这种促销可根据顾客在不同季节中的就餐习惯和应季原料来计划,最常见的季节性促销是时令菜的促销。同时,许多餐饮店根据人们在不同季节的气候条件下产生的不同就餐偏好和习惯推出不同的菜品。

比如,在酷热的夏天推出清凉菜、清淡菜;在严寒的冬天推出砂锅系列菜、火锅系列菜以及味浓的辛辣菜等。

三、淡季促销

餐饮店为增加清淡时段的客源和提高座位周转率,也可举办各种促销活动。

有些餐饮店将清淡时段的促销活动称作"快活时光"活动,在这段时间中对饮料可进行"买一送一"的销售,甚至进行各种演出等。

有的餐饮店在这段时间中让顾客以转盘抽取幸运吧座,坐在这个吧座上的顾客可免费喝一杯饮料。

也有些餐饮店在下午3:00~6:00这段餐饮相对清淡时段推出下午菜点,并以时装表演吸引顾客。

 相关链接

餐饮淡季怎么做促销

餐饮的"淡季"倒不是说一年之间,餐饮真的会存在一个需求锐减,生意一落千丈的"时节",而是另有玄机。

在经营之初,知名度小,曝光度不够等,让能关注到创业者生意的消费者很有限,更不用说来消费了。

在经营的中期,当生意已经发展到一个高度后,没有突破,就会遭遇瓶颈期,这也是一个"淡季"。如何度过瓶颈,是事业能不能有更大突破的一个重要节点。

在开店已经渐趋成熟,事业也慢慢走上正轨之后,也会或多或少的出现一些问题,让经营变得困难,客流量有所下降,成为一个"淡季"。

针对以上种种,总而言之,做餐饮行业,极少会出现季节性的"淡季",反而是会出现创业阶段性,或者无规律性的"淡季",应对"淡季"有诀窍,才能真正让创业事半功倍，乘风破浪向前。

针对"淡季"，经营者该如何做好促销？具体方法如下。

1. "降价式"促销

对于一些招牌菜品，往往平时都是比较受消费者欢迎的，也是最能吸引新顾客的。"降价式"促销，倒不是说真的把售价降低，而是用活动的形式，赠送给消费者们一些优惠券，让顾客感受优惠，自然也能吸引较大一波人气，又能利用招牌菜品，留住新顾客。

"降价式促销"促销的时间、优惠的力度等，也要依据当地市场来定夺。顾客消减的幅度不大，人流量流失较少，幅度可以稍微小一点，反之，幅度大，更有助于培养新顾客。

2. 升级菜品，优化宣传

除了招牌菜品之外，尤其是平时销量不高的菜品，可转换一下风格、口感，或者咸淡、鲜辣等，给顾客不一样的感受。当然在宣传促销上，也一定不能马虎，用精美的大海报，换一个更有吸引力的名字，才能锁住顾客眼球。

在对升级菜品进行宣传的时候，千万不能"喧宾夺主"，影响了招牌菜品地位。采用将招牌菜品跟升级后的菜品捆绑销售、组合销售再好不过了，一方面以招牌菜的知名度吸引顾客关注，另一个方面，升级后的菜品，也不会影响招牌菜的名气。

3. 优化菜品结构，推出套餐

不少快餐店、餐饮店中，菜品单点的居多。消费者们喜欢什么样的菜品，可以自由搭配，这样最大化地满足消费者的选择空间，但是在处于"淡季"的时候，这种自由，反而让常客们不知道吃什么好。

选定套餐的时候，在售价上低于菜品+菜品，高于单个菜品，会让顾客有种占便宜的感觉。此外，在套餐的选择上，可以将集中同等价位的菜品放在一起，消费者也可以在套餐中自由搭配，顾客能享受到优惠，何乐不为！

4. 限时特惠，吸引顾客

选择饭点，像是中午十二点到下午两点，或者是选择两顿饭之间，生意不是很忙的时候，限时特惠，吸引顾客前来，如全场五折之类的。

选择饭点的话，吃饭用餐的人比较多，往往也就能吸引较多的消费者。限时特惠，一些老顾客的口碑，也能带来一波新顾客的流量。

限时特惠的话，可以在每天搞特价的时间上缩短一些，但是可以延长一下做活动的天数，这样往往会有较大的人流，也不至于让店面盈利减少太多。

第3节　促销，用好方式

就具体促销形式看，餐饮店的促销方式多种多样，常见的主要有优惠促销、赠品促销、现场活动促销、食品展示促销等方式。餐饮经营者可以根据自己店铺的实际情况，采取一种或多种促销方式来吸引顾客。

一、优惠促销

优惠促销是指餐饮店为鼓励顾客反复光顾和在营业的淡季时间里进行消费而采取的一系列折扣方法。优惠促销包括即时优惠和延期优惠两大类。前者是伴随餐饮购买行为而自动生效的各种优惠，如现场抽奖、现场打折、赠送礼品等，而延期优惠则是消费者在下次购买餐饮产品时才能使用和享受的各种优惠。

优惠促销主要的表现形式为以下7种。

1. 折扣

折扣是优惠促销中最常见的形式。餐饮店不但可以根据顾客消费额的多少确定折扣的高低，还可以在餐饮店销售的淡季和非营业高峰期间，实行半价优惠和买一送一等优惠促销活动，以吸引更多的顾客，进而增加销售额。

比如，有的餐饮店推出"用餐付费自摸折扣"活动，充分利用了人们的侥幸心理，掀起了一股用餐热潮。

因此，在折扣的运用上应注重突出灵活、新奇的特点。

2. 低价套餐

当经过仔细设计将若干菜肴组合成一种套餐时，餐饮店可以按较低价格出售，以吸引顾客，增加整体收入。尤其是周末家庭消费和节假日的顾客消费，许多餐饮店往往推出不同特色、不同档次的家庭套餐，以满足家庭的需求。

3. 发放赠券

赠券的使用在餐饮业极为普遍，尤其在营业淡季更多地采取这种方法。赠券的发放比较灵活，可以在消费者结账时赠送，用于下次消费。

4. 积分奖励

积分奖励是一种用于奖励餐饮店常客，提高顾客忠诚度的优惠促销方法。即餐饮店按照消费者的消费金额大小计算顾客的分数，顾客每次在餐饮店消费后获得的分数可以累加，形成顾客的总积分数，接着餐饮店根据顾客的积分多少，制订和实施不同档次的奖励计划，比如给予较高的折扣优惠、免收服务费、免费消费等。

5.免费用品

餐饮店开发出新的餐饮产品或服务时，可将样品送给某些顾客用，以了解他们是否喜欢这种产品，同时欢迎顾客再次光临。当新产品和服务得到顾客的认可后，餐饮店再将其列入菜单。有的餐饮店则在店中陈列某些新品的尝试点，消费者在购买之前可以先尝后买，这样既能取得顾客的认可，又能使顾客放心。

6.额外赠送

额外赠送是指餐饮店以正常价格供应食品饮料给顾客后，另外再赠送其他一些小礼品，包括餐后的水果拼盘、带有餐馆标志的打火机、儿童玩具、菜单日历等。

赠品不仅对儿童有吸引力，成人也乐于接受。如果遇到当天过生日的顾客，可免费赠送蛋糕；在特殊的节日给某些特殊的消费者以节日优惠，如母亲节给母亲折扣优惠、重阳节给老人半价优惠、儿童节给儿童免费小点心等。

7.联合促销

联合促销是指两家或两家以上的餐饮店以及餐饮店与其他企业基于相互利益的考虑，以某种能够接受的形式与运作手段共同进行市场沟通和产品推广的促销方式。

比如，餐饮店和啤酒经销商合作举办啤酒节。促销期间，餐饮店不但提供优惠的啤酒，而且菜肴价格打折销售，从而提供给顾客更多的实惠。这种联合促销策略不但使啤酒商获得了有效的推销机会，而且带动了餐饮店的其他相关产品和服务的销售，减少了餐饮店单独进行促销时所要负担的促销费用。

二、赠品促销

在淡市时段推出价格优惠的餐饮产品无疑是有效的手段之一，而给客人赠送小礼品，还可以满足大多数人贪图小恩小惠的虚荣心理。这一招不但可以用在淡市，也可以不定期采用，它可以起到联络顾客感情，吸引顾客回头的宣传作用。

餐饮业往往采用赠送礼品的方式来达到推销的目的。赠送礼品的内容和赠送方式应该有讲究，餐饮店要寻求获取最大效益的赠品方式。

1.赠品的类别

餐饮店赠品主要有以下4种类型。

（1）商业赠品。餐饮推销人员为鼓励大主顾企业经常光顾，可以赠送商业礼品给一些大主顾。

（2）个人礼品。为鼓励顾客光临餐厅，在就餐中可以免费向客人赠送礼品，或在节日和生日之际向客人和老主顾增庆祝的礼品或纪念卡。

（3）广告性赠品。这种赠品主要起到宣传餐厅，使更多人了解餐厅、提高餐厅知名度的作用。餐饮经营者要选择价格便宜，可大量分送的物品做这类赠品，礼品上要印上餐饮店的推销性介绍。

比如，给客人发一次性作用的打火机、火柴、菜单、购物提包等。广告赠品对过路的行人和惠顾餐厅的顾客均可赠送。

（4）奖励性赠品。广告性赠品主要是为了让公众和潜在顾客进一步了解餐厅，奖励性赠品的主要目的则是刺激顾客再次光临。这种礼品要有选择的赠送，比如根据顾客光顾的次数、顾客在餐厅中的消费额多少分别赠送礼品。有的根据抽奖结果给幸运者赠送礼品，餐饮经营者要选价值较高的物品作为这种礼品。

相关链接

赠送礼品的质量要求

赠送的礼品质量要符合餐厅的形象，具体要求如下。

1. 档次要与餐饮店定位相符

一家高级餐饮店决不能送低档次的礼品，如果经费不足，宁可不送或只送一件高档次的小纪念品。与其大量赠送低价的礼品，不如用同等价钱买少量精致的礼品。

比如，赠送一打劣质汤匙不如送一个质量上乘的杯子。

2. 要附上手写的卡片

礼品上一定要附卡片，以表示对赠送对象的尊重。尽量不要使用印刷文字，最好附上经理亲笔写的风趣的文句、贺词或致谢词，这样的卡片更能将餐厅赠送小礼品的诚意传达到顾客心里。

3. 包装要精致

包装漂亮能提高人们对商品价值的评价，原先，包装是为了防止商品污染，起保护商品的作用，而现代社会利用包装点缀商品起到推销商品的作用。赠品的包装一定要精致、漂亮、独特。对有些有创意的礼品、赠品还要考虑其包装物的再利用。

比如，用酒瓶作花瓶、用钱包装钥匙环、用手帕包巧克力等。

4.赠送活动气氛要热烈

为达到最佳赠送效果，在赠送时要尽可能创造热烈的气氛。

比如，颁发抽奖奖品时，与其在收银台上领取，不如在大众"恭喜中奖"的掌声、笑声中颁发，这样赠品能使顾客增加幸运感，并有感染其他顾客的作用。因而餐饮经营者要将赠品作为一项重要的推销活动加以周密的计划。

2.常用促销赠品

（1）精美节目单。餐饮店可将本周、本月的各种餐饮活动、文娱活动印刷品放在餐厅门口、电梯口或总台发送、传递。这种节目单要注意：一是印刷质量，要与餐厅的等级相一致，不能太差；二是一旦确定了的活动，不能更改和变动。在节目单上一定要写清时间、地点、餐厅的电话号码，印上餐厅的标记，以强化推销效果。

（2）打火机（火柴）。餐饮店每张桌上都可放上印有餐饮店名称、地址、标记、电话等信息的打火机（火柴），送给客人带出去做宣传。打火机（火柴）可定制成各种规格、形状、档次，以供不同餐饮店使用。

（3）小礼品。餐饮店常常在一些特别的节日活动期间，甚至在日常经营中送一些小礼品给用餐的客人，这些小礼品要精心设计，根据不同的对象分别赠送，其效果会更为理想。

常见的小礼品有生肖卡、特制台布、印有餐饮店广告和菜单的折扇、小盒茶叶、卡通片、巧克力、鲜花、口布套环、精制的筷子等。

> **小提示：**
>
> 小礼品要和餐饮店的形象、档次相统一，才能起到好的、积极的推销、宣传效果。

（4）菜单。赠品用菜单不同于餐厅中顾客使用的菜单。赠品用菜单可以做得精致、小巧些，方便保留纪念。一些餐厅将菜单做成心形，对折在一起是餐厅的外观和名称，打开后是菜单，也有的餐厅将菜单做成折扇形，餐厅可以充分发挥想象力和创造力。菜单并无固定模式，只要顾客认为新奇、有趣，能吸引其注意力、乐意收藏就是好的赠品。

三、现场活动促销

餐饮店可根据自身条件,通过与政府、企业、行业协会联手,组织服装节、啤酒节、西瓜节,举办文艺演出、体育比赛、各种庙会活动,通过举办多种活动,借势聚积人气,吸引更多消费者就餐,扩大餐饮店营业额,提高餐饮店经济效益,不失为促销的又一有效方法。

1.现场活动促销的类型

一般来说,现场餐饮活动可分为演出型、艺术型、娱乐型和实惠型等,如举办爵士乐演出、儿童画展、游戏猜谜、啤酒节、西瓜节、服务节、电影节、烧烤周、庙会等,无论是哪种现场餐饮活动,餐饮企业都必须遵循这一原则,即组织消费者互动。

不同于打折促销、礼品促销等,现场餐饮活动促销的最大特点是让消费者在就餐过程中彼此互动,消费者在就餐过程中,边就餐边享受娱乐项目。

比如,邀请小型乐队伴奏,消费者可以亲自上台一展歌喉,这在无形中满足了消费者的表现欲,也促进消费者在餐厅中的消费;再如,喝啤酒比赛,谁在一分钟内喝得最多,谁就可以享受打折优惠,这也能吸引消费者主动前来就餐。

2.现场活动促销的注意事项

现场餐饮活动促销,能使餐厅的人气迅速提升,从而使上座率不断提高,但是参加现场餐饮活动促销,要注意以下6个问题。

(1)选好现场餐饮活动促销名目。常用的现场活动促销名目有纪念开业周年、庆祝完成任务、共贺获得荣誉等。现场活动名目一定要醒目、吸引人,让人一看名目就产生亲临现场体验的欲望,人气自然也就形成。

(2)兑现现场活动促销承诺。搞现场活动促销,餐饮店一般都会作出承诺,比如打折优惠、赠送优惠、奖励优惠等,不管作出什么承诺,一定要践诺,否则,消费者感觉上当受骗,餐饮店名声也会受损。

(3)现场活动内容、时间、范围不要轻易改变。餐饮店自己举办的促销活动一旦定下来,没有特殊情况,不要轻易变动,万一发生变化,也要作出详细说明,变动的理由一定要充分,要让消费者信任。

(4)要积极主动参加在异地的现场活动。有许多现场活动举办地与餐饮店地址不在同一地点,对这样的现场活动,经过分析,只要能赚钱就要积极参加。一般现场活动举办方都会吸收餐饮行业参加,并为餐饮行业参加者留有专门的摊位,餐饮店要审时度势,积极参加。要克服现场活动不在家门口举办就不参加的思想,因为参加现场活动促销毕竟是一次扩大赚钱的机会。

（5）要核算好成本。参加现场活动促销要付出成本，比如摊位费、水电费、交通费、人工费等。参加现场活动促销前要仔细核算一下，能销售多少菜品、实现多少销售额、刨除各种成本后能获得多少利润等，如果核算后发现参加现场活动促销根本没有利润甚至亏损，那就坚决不参加。

（6）要做好准备工作。参加现场活动促销，各种准备工作要充分，特别是制作食品的原材料、炊具、餐具、刀具、设备、照明、消毒等用品，都要准备好，服务员也要做好优质服务的准备，准备充分了，现场活动促销才会取得好效果。

四、食品展示促销

食品的展示是一种有效的推销方式。这种方法是利用视觉效应，激起顾客的购买欲望，吸引客人进餐厅就餐，并且刺激客人追加点菜。它可以分为如图8-2所示的4种形式。

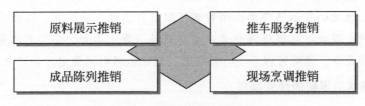

图8-2　食品展示促销形式

1.原料展示推销

陈列原料的要求是强调"鲜""活"，要使顾客信服本餐厅使用的原料都是新鲜的，一些餐饮店在门口用水缸养一些鲜鱼活虾，任凭顾客挑选，厨师按顾客的要求加工烹制，由于顾客目睹原料鲜活，容易对质量产生满意感。

比如，新加坡有一间独特的海鲜馆，该餐馆不备菜单。他们将新鲜的水产品收拾干净，搭配好配料，装在一个个碟子里，顾客选择好后，由厨师直接烹调。这家餐馆虽位于远离市中心的地段，但由于原材料新鲜、推销方法独特，顾客纷纷慕名驾车而来。

原料展示要注意视觉上的舒适性，否则会适得其反。

比如，一家新开业的广东餐馆，其供应的菜品中有蛇肉一类，在餐馆门口养着二条大蛇，过路的人见之远远就避开了。

2.成品陈列推销

一些餐饮店将烹调得十分美观的菜肴展示在陈列柜里，实物的展示往往胜于很多文字的描绘，顾客通过对产品的直观观察，很快便点完了菜。但并不是所有的菜肴都可以做成成品陈列的，许多菜品烹调后经过放置会失去新鲜的颜色，这样的陈列会起到反作用。一般来说，凉菜、甜点、沙拉菜陈列在玻璃冷柜中，推销效果较好。餐厅中陈列一些名酒也会增加酒水的销售机会。

3. 推车服务推销

许多餐饮店让服务员带着菜肴、点心，推车巡回于座位之间，向客人推销。推车推销的菜品多半是价格不太贵且放置后质量不易下降的冷菜、小菜、点心、糕点。有时客人点的菜不够充足，但又怕再点菜等待时间太长，在这种情况下，推车服务既方便了客人，又增加了餐厅收入。有时客人虽已点够了菜，但看到车上诱人的菜便可能冲动性地产生购买动机和行为，因而这种推销形式是增加餐饮店额外收入的有效的措施。

比如，粤菜的早茶很多就是采取这种形式进行推销和服务的。

4. 现场烹调展示推销

在客人面前表演烹调，会使客人产生兴趣，引起客人想品尝的心理。现场烹调能减少食品烹调后的放置时间，使客人当场品尝，味道更佳鲜美。现场烹调还能利用食品烹调过程中散发出的香味和声音来刺激客人的食欲。一些餐饮店还让客人选择配料，按客人的意愿进行现场烹调，这样能够满足客人不同口味的需要。

比如，上海扬子江酒店的亚洲美食"梦择园"餐厅内的印度厨师设摊操作，让客人能指明要什么配料，决定配料的多少，厨师当场操作，吸引了很多客人。

第9章 卫生管控，安全保障

导言

俗话说"病从口入"，饮食卫生直接关系到身体的健康。饮食卫生是餐饮店提供饮食服务非常重要的组成部分，餐饮店必须提供给客人安全、卫生的饮食。这不仅关系到餐饮店服务的好坏和信誉，更重要的是直接影响到顾客的健康。

第1节 设施设备卫生管理

餐饮店应加强店内设施设备的卫生管理,以达到餐饮服务食品安全操作规范的要求。

一、供水设施

供水设施应达到以下要求。

(1) 食品加工制作用水的管道系统应引自生活饮用水主管道,与非饮用水(如冷却水、污水或废水等)的管道系统完全分离,不得有逆流或相互交接现象。

(2) 供水设施中使用的涉及饮用水卫生安全的产品应符合国家相关规定。

二、排水设施

排水设施应达到以下要求。

(1) 排水设施应通畅,便于清洁、维护。

(2) 需经常冲洗的场所和排水沟要有一定的排水坡度。排水沟内不得设置其他管路,侧面和底面接合处宜有一定弧度,并设有可拆卸的装置。

(3) 排水的流向宜由高清洁操作区流向低清洁操作区,并能防止污水逆流。

(4) 排水沟出口设有防止有害生物侵入的装置。

三、清洗消毒保洁设施

清洗消毒保洁设施应达到以下要求。

(1) 清洗、消毒、保洁设施设备应放置在专用区域,容量和数量应能满足加工制作和供餐需要。

(2) 食品工用具的清洗水池应与食品原料、清洁用具的清洗水池分开。采用化学消毒方法的,应设置接触直接入口食品的工用具的专用消毒水池。

(3) 各类水池应使用不透水材料(如不锈钢、陶瓷等)制成,不易积垢,易于清洁,并以明显标识标明其用途。

(4) 应设置存放消毒后餐用具的专用保洁设施,标识明显,易于清洁。

四、个人卫生设施和卫生间

个人卫生设施和卫生间应达到表9-1所列的要求。

表9-1 个人卫生设施和卫生间要求

序号	卫生设施	卫生要求
1	洗手设施	（1）食品处理区应设置足够数量的洗手设施，就餐区宜设置洗手设施 （2）洗手池应不透水，易清洁 （3）水龙头宜采用脚踏式、肘动式、感应式等非手触动式开关，宜设置热水器，提供温水 （4）洗手设施附近配备洗手液（皂）、消毒液、擦手纸、干手器等，从业人员专用洗手设施附近应有洗手方法标识 （5）洗手设施的排水设有防止逆流、防有害生物侵入及臭味产生的装置
2	卫生间	（1）卫生间不得设置在食品处理区内；卫生间出入口不应直对食品处理区，不宜直对就餐区；卫生间与外界直接相通的门能自动关闭 （2）设置独立的排风装置，有照明；与外界直接相通的窗户设有易拆洗、不易生锈的防蝇纱网；墙壁、地面等的材料不吸水、不易积垢、易清洁；应设置冲水式便池，配备便刷 （3）应在出口附近设置洗手设施 （4）排污管道与食品处理区排水管道分设，且设置有防臭气水封，排污口位于餐饮服务场所外
3	更衣区	（1）与食品处理区处于同一建筑物内，宜为独立隔间且位于食品处理区入口处 （2）设有足够大的更衣空间、足够数量的更衣设施（如更衣柜、挂钩、衣架等）

五、照明设施

照明设施应达到以下要求。

（1）食品处理区应有充足的自然采光或人工照明设施，工作面的光照强度不得低于220Lx，光源不得改变食品的感官颜色。其他场所的光照强度不宜低于110Lx。

（2）安装在暴露食品正上方的照明灯应有防护装置，避免照明灯爆裂后污染食品。

（3）冷冻（藏）库应使用防爆灯。

六、通风排烟设施

通风排烟设施应达到以下要求。

（1）食品处理区（冷冻库、冷藏库除外）和就餐区应保持空气流通；专间应设立独立的空调设施；应定期清洁消毒空调及通风设施。

（2）产生油烟的设备上方，设置机械排风及油烟过滤装置，过滤器便于清洁、更换。

（3）产生大量蒸汽的设备上方，设置机械排风排汽装置，并做好凝结水的引泄。

（4）排气口设有易清洗、耐腐蚀并防止有害生物侵入的网罩。

七、库房及冷冻（藏）设施

库房及冷冻（藏）设施应达到以下要求。

（1）根据食品储存条件，设置相应的食品库房或存放场所，必要时设置冷冻库、冷藏库。

（2）冷冻柜、冷藏柜有明显的区分标识。冷冻、冷藏柜（库）设有可正确显示内部温度的温度计，宜设置外显式温度计。

（3）库房应设有通风、防潮及防止有害生物侵入的装置。

（4）同一库房内储存不同类别食品和非食品（如食品包装材料等），应分设存放区域，不同区域有明显的区分标识。

（5）库房内应设置足够数量的存放架，其结构及位置能使储存的食品和物品离墙离地，距离地面应在10cm以上，距离墙壁宜在10cm以上。

（6）设有存放清洗消毒工具和洗涤剂、消毒剂等物品的独立隔间或区域。

八、加工制作设备设施

加工制作设备设施应达到以下要求。

（1）根据加工制作食品的需要，配备相应的设施、设备、容器、工具等。不得将加工制作食品的设施、设备、容器、工具用于与加工制作食品无关的用途。

（2）设备的摆放位置，应便于操作、清洁、维护和减少交叉污染。固定安装的设备设施应安装牢固，与地面、墙壁无缝隙，或保留足够的清洁、维护空间。

（3）设备、容器和工具与食品的接触面应平滑、无凹陷或裂缝，内部角落部位避免有尖角，便于清洁，防止聚积食品碎屑、污垢等。

第 2 节　原料管理

餐饮店应从采购、运输、查验、储存四个方面来加强加工原料的管理，以达到食品安全的要求。

一、原料采购

原料采购应达到以下要求。
（1）选择的供货者应具有相关合法资质。
（2）建立供货者评价和退出机制，对供货者的食品安全状况等进行评价，将符合食品安全管理要求的列入供货者名录，及时更换不符合要求的供货者。
（3）有条件的餐饮店，可自行或委托第三方机构定期对供货者食品安全状况进行现场评价。
（4）建立固定的供货渠道，与固定供货者签订供货协议，明确各自的食品安全责任和义务。根据每种原料的安全特性、风险高低及预期用途，确定对其供货者的管控力度。

二、原料运输

加工原料在运输过程中，应达到以下要求。
（1）运输前，对运输车辆或容器进行清洁，防止食品受到污染。运输过程中，做好防尘、防水，食品与非食品、不同类型的食品原料（动物性食品、植物性食品、水产品）应分隔，食品包装完整、清洁，防止食品受到污染。
（2）运输食品的温湿度应符合相关食品安全要求。
（3）不得将食品与有毒有害物品混装运输，运输食品和运输有毒有害物品的车辆不得混用。

三、进货查验

进货查验包括随货证明文件查验、食品外观查验和温度查验，具体要求见表 9-2。

表9-2 进货查验的要求

序号	查验类别	具体要求
1	随货证明文件查验	（1）从食品生产者采购食品的，查验其食品生产许可证和产品合格证明文件等；采购食品添加剂、食品相关产品的，查验其营业执照和产品合格证明文件等 （2）从食品销售者（商场、超市、便利店等）采购食品的，查验其食品经营许可证等；采购食品添加剂、食品相关产品的，查验其营业执照等 （3）从食用农产品个体生产者直接采购食用农产品的，查验其有效身份证明 （4）从食用农产品生产企业和农民专业合作经济组织采购食用农产品的，查验其社会信用代码和产品合格证明文件 （5）从集中交易市场采购食用农产品的，索取并留存市场管理部门或经营者加盖公章（或负责人签字）的购货凭证 （6）采购畜禽肉类的，还应查验动物产品检疫合格证明；采购猪肉的，还应查验肉品品质检验合格证明 （7）实行统一配送经营方式的，可由企业总部统一查验供货者的相关资质证明及产品合格证明文件，留存每笔购物或送货凭证，各门店能及时查询、获取相关证明文件复印件或凭证 （8）采购食品、食品添加剂、食品相关产品的，应留存每笔购物或送货凭证
2	食品外观查验	（1）预包装食品的包装完整、清洁、无破损，标识与内容物一致 （2）冷冻食品无解冻后再次冷冻情形 （3）具有正常的感官性状 （4）食品标签标识符合相关要求 （5）食品在保质期内
3	温度查验	（1）查验期间，尽可能减少食品的温度变化，冷藏食品表面温度与标签标识的温度要求不得超过+3℃，冷冻食品表面温度不宜高于-9℃ （2）无具体要求且需冷冻或冷藏的食品，其温度可参考《餐饮服务业食品原料建议存储温度》的相关温度要求

四、原料储存

原料储存应达到以下要求。

（1）分区、分架、分类、离墙、离地存放食品。

（2）分隔或分离储存不同类型的食品原料。

（3）在散装食品（食用农产品除外）储存位置，应标明食品的名称、生产日期或者生产批号、使用期限等内容，宜使用密闭容器储存。

（4）按照食品安全要求储存原料。有明确的保存条件和保质期的，应按照保存条件和保质期储存。保存条件、保质期不明确的及开封后的，应根据食品品种、加工制作方式、包装形式等针对性地确定适宜的保存条件（需冷藏冷冻的食品原料建议可参照《餐饮服务业食品原料建议存储温度》确定保存温度）和保存期限，并应建立严格的记录制度来保证不存放和使用超期食品或原料，防止食品腐败变质。

（5）及时冷冻（藏）储存采购的冷冻（藏）食品，减少食品的温度变化。

（6）冷冻储存食品前，宜分割食品，避免使用时反复解冻、冷冻。

（7）冷冻（藏）储存食品时，不宜堆积、挤压食品。

（8）遵循先进、先出、先用的原则，使用食品原料、食品添加剂、食品相关产品。及时清理腐败变质等感官性状异常、超过保质期等的食品原料、食品添加剂、食品相关产品。

第3节　加工制作管理

一、加工制作基本要求

厨房在加工制作过程中，应达到以下基本要求。

（1）加工制作的食品品种、数量与场所、设施、设备等条件相匹配。

（2）加工制作食品过程中，应采取如图9-1所示的措施，避免食品受到交叉污染。

措施一	不同类型的食品原料、不同存在形式的食品（原料、半成品、成品）分开存放，其盛放容器和加工制作工具分类管理、分开使用，定位存放
措施二	接触食品的容器和工具不得直接放置在地面上或者接触不洁物
措施三	食品处理区内不得从事可能污染食品的活动
措施四	不得在辅助区（如卫生间、更衣区等）内加工制作食品、清洗消毒餐饮具
措施五	餐饮服务场所内不得饲养和宰杀禽、畜等动物

图9-1　避免食品受到交叉污染的措施

（3）加工制作食品过程中，不得存在如图9-2所示的行为。

行为一	使用非食品原料加工制作食品
行为二	在食品中添加食品添加剂以外的化学物质和其他可能危害人体健康的物质
行为三	使用回收食品作为原料，再次加工制作食品
行为四	使用超过保质期的食品、食品添加剂
行为五	超范围、超限量使用食品添加剂
行为六	使用腐败变质、油脂酸败、霉变生虫、污秽不洁、混有异物、掺假掺杂或者感官性状异常的食品、食品添加剂
行为七	使用被包装材料、容器、运输工具等污染的食品、食品添加剂
行为八	使用无标签的预包装食品、食品添加剂
行为九	使用国家为防病等特殊需要明令禁止经营的食品（如织纹螺等）
行为十	在食品中添加药品（按照传统既是食品又是中药材的物质除外）
行为十一	法律法规禁止的其他加工制作行为

图9-2　加工制作食品过程中不得存在的行为

（4）对国家法律法规明令禁止的食品及原料，应拒绝加工制作。

二、粗加工制作与切配

在粗加工制作与切配环节，应达到以下要求。

（1）冷冻（藏）食品出库后，应及时加工制作。冷冻食品原料不宜反复解冻、冷冻。

（2）宜使用冷藏解冻或冷水解冻方法进行解冻，解冻时合理防护，避免受到污染。使用微波解冻方法的，解冻后的食品原料应被立即加工制作。

（3）应缩短解冻后的高危易腐食品原料在常温下的存放时间，食品原料的表面温度不宜超过8℃。

（4）食品原料应洗净后使用。盛放或加工制作不同类型食品原料的工具和容器应分开使用。盛放或加工制作畜肉类原料、禽肉类原料及蛋类原料的工具和容器宜分开使用。

（5）使用禽蛋前，应清洗禽蛋的外壳，必要时消毒外壳。破蛋后应单独存放在暂存容器内，确认禽蛋未变质后再合并存放。

（6）应及时使用或冷冻（藏）储存切配好的半成品。

三、成品加工制作

1. 食品专间内加工制作

食品专间内加工制作要求如下。

（1）专间内温度不得高于25℃。

（2）每餐（或每次）使用专间前，应对专间空气进行消毒。消毒方法应遵循消毒设施使用说明书要求。使用紫外线灯消毒的，应在无人加工制作时开启紫外线灯30分钟以上并做好记录。

（3）由专人加工制作，非专间加工制作人员不得擅自进入专间。进入专间前，加工制作人员应更换专用的工作衣帽并佩戴口罩。加工制作人员在加工制作前应严格清洗消毒手部，加工制作过程中适时清洗消毒手部。

（4）应使用专用的工具、容器、设备，使用前用专用清洗消毒设施进行清洗消毒并保持清洁。

（5）及时关闭专间的门和食品传递窗口。

（6）蔬菜、水果、生食的海产品等食品原料应清洗处理干净后，方可传递进专间。预包装食品和一次性餐饮具应去除外层包装并保持最小包装清洁后，方可传递进专间。

（7）在专用冷冻或冷藏设备中存放食品时，宜将食品放置在密闭容器内或使用保鲜膜等进行无污染覆盖。

（8）加工制作生食海产品，应在专间外剔除海产品的非食用部分，并将其洗净后，方可传递进专间。加工制作时，应避免海产品可食用部分受到污染。加工制作后，应将海产品放置在密闭容器内冷藏保存，或放置在食用冰中保存并用保鲜膜分隔。放置在食用冰中保存的，加工制作后至食用前的间隔时间不得超过1小时。

（9）加工制作裱花蛋糕、裱浆和经清洗消毒的新鲜水果应当天加工制作、当天使用。蛋糕胚应存放在专用冷冻或冷藏设备中。打发好的奶油应尽快使用完毕。

（10）加工制作好的成品宜当餐供应。

（11）不得在专间内从事非清洁操作区的加工制作活动。

2. 专用操作区内加工制作

专用操作区内加工制作要求如下。

（1）由专人加工制作。加工制作人员应穿戴专用的工作衣帽并佩戴口罩。加工制作人员在加工制作前应严格清洗消毒手部，加工制作过程中适时清洗消毒手部。

（2）应使用专用的工具、容器、设备，使用前进行消毒，使用后洗净并保持清洁。

（3）在专用冷冻或冷藏设备中存放食品时，宜将食品放置在密闭容器内或使用保鲜膜等进行无污染覆盖。

（4）加工制作的水果、蔬菜等，应清洗干净后方可使用。

（5）加工制作好的成品应当餐供应。

（6）现调、冲泡、分装饮品可不在专用操作区内进行。

（7）不得在专用操作区内从事非专用操作区的加工制作活动。

3. 烹饪区内加工制作

烹饪区内加工制作的一般要求如下。

（1）烹饪食品的温度和时间应能保证食品安全。

（2）需要烧熟煮透的食品，加工制作时食品的中心温度应达到70℃以上。对特殊加工制作工艺，中心温度低于70℃的食品，餐饮服务提供者应严格控制原料质量安全状态，确保经过特殊加工制作工艺制作成品的食品安全。鼓励餐饮服务提供者在售卖时根据相关要求进行消费提示。

（3）盛放调味料的容器应保持清洁，使用后加盖存放，宜标注预包装调味料标签上标注的生产日期、保质期等内容及开封日期。

（4）宜采用有效的设备或方法，避免或减少食品在烹饪过程中产生有害物质。

而对于不同的加工类别，其制作要求又各不相同，具体见表9-3。

表9-3 烹饪区内加工制作要求

序号	加工类别	加工要求
1	油炸类食品	（1）选择热稳定性好、适合油炸的食用油脂 （2）与炸油直接接触的设备、工具内表面应为耐腐蚀、耐高温的材质（如不锈钢等），易清洁、维护 （3）油炸食品前，应尽可能减少食品表面的多余水分；油炸食品时，油温不宜超过190℃；油量不足时，应及时添加新油；定期过滤在用油，去除食物残渣；定期拆卸油炸设备，进行清洁维护

续表

序号	加工类别	加工要求
2	烧烤类食品	（1）烧烤场所应具有良好的排烟系统 （2）烤制食品的温度和时间应能使食品被烤熟 （3）烤制食品时，应避免食品直接接触火焰或烤制温度过高，减少有害物质产生
3	火锅类食品	（1）不得重复使用火锅底料 （2）使用醇基燃料（如酒精等）时，应在没有明火的情况下添加燃料；使用炭火或煤气时，应通风良好，防止一氧化碳中毒
4	糕点类食品	（1）使用烘焙包装用纸时，应考虑颜色可能对产品的迁移，并控制有害物质的迁移量，不应使用有荧光增白剂的烘烤纸 （2）使用自制蛋液的，应冷藏保存蛋液，防止蛋液变质
5	自制饮品	（1）加工制作现榨果蔬汁、食用冰等的用水，应为预包装饮用水、使用符合相关规定的水净化设备或设施处理后的直饮水、煮沸冷却后的生活饮用水 （2）自制饮品所用的原料乳，宜为预包装乳制品 （3）煮沸生豆浆时，应将上涌泡沫除净，煮沸后保持沸腾状态5分钟以上

四、食品添加剂使用

对于食品添加剂使用，应按以下要求进行操作。

（1）使用食品添加剂的，应在技术上确有必要，并在达到预期效果的前提下尽可能降低使用量。

（2）按照GB 2760《食品安全国家标准 食品添加剂使用标准》规定的食品添加剂品种、使用范围、使用量，使用食品添加剂。不得采购、储存、使用亚硝酸盐（包括亚硝酸钠、亚硝酸钾）。

（3）专柜（位）存放食品添加剂，并标注"食品添加剂"字样。使用容器盛放拆包后的食品添加剂的，应在盛放容器上标明食品添加剂名称，并保留原包装。

（4）应专册记录使用的食品添加剂名称、生产日期或批号、添加的食品品种、添加量、添加时间、操作人员等信息，GB 2760《食品安全国家标准 食品添加剂使用标准》规定按生产需要适量使用的食品添加剂除外。使用有GB 2760《食品安全国家标准 食品添加剂使用标准》"最大使用量"规定的食品添加剂，应精准称量使用。

五、食品相关产品使用

食品相关产品使用，应按以下要求进行。

（1）各类工具和容器应有明显的区分标识，可使用颜色、材料、形状、文字等方式进行区分。

（2）工具、容器和设备，宜使用不锈钢材料，不宜使用木质材料，必须使用木质材料时，应避免对食品造成污染。盛放热食类食品的容器不宜使用塑料材料。

（3）添加邻苯二甲酸酯类物质制成的塑料制品不得盛装、接触油脂类食品和乙醇含量高于20%的食品。

（4）不得重复使用一次性用品。

六、高危易腐食品冷却

高危易腐食品冷却应按以下要求操作。

（1）需要冷冻（藏）的熟制半成品或成品，应在熟制后立即冷却。

（2）应在清洁操作区内进行熟制成品的冷却，并在盛放容器上标注加工制作时间等。

（3）冷却时，可采用将食品切成小块、搅拌、冷水浴等措施或者使用专用速冷设备，使食品的中心温度在2小时内从60℃降至21℃，再经2小时或更短时间降至8℃。

七、食品再加热

食品再加热应达到以下要求。

（1）高危易腐食品熟制后，在8～60℃条件下存放2小时以上且未发生感官性状变化的，食用前应进行再加热。

（2）再加热时，食品的中心温度应达到70℃以上。

第4节　供餐、用餐与配送管理

一、供餐管理

餐饮店供餐管理应达到以下要求。

（1）分派菜肴、整理造型的工具使用前应清洗消毒。

（2）加工制作围边、盘花等的材料应符合食品安全要求，使用前应清洗消毒。

（3）在烹饪后至食用前需要较长时间（超过2小时）存放的高危易腐食品，应在高于60℃或低于8℃的条件下存放。在8～60℃条件下存放超过2小时，且未发生感官性状变化的，应按要求再加热后方可供餐。

（4）宜按照标签标注的温度等条件，供应预包装食品。食品的温度不得超过标签标注的温度+3℃。

（5）供餐过程中，应对食品采取有效防护措施，避免食品受到污染。使用传递设施（如升降笼、食梯、滑道等）的，应保持传递设施清洁。

（6）供餐过程中，应使用清洁的托盘等工具，避免从业人员的手部直接接触食品（预包装食品除外）。

二、用餐服务

餐饮店的用餐服务应达到以下要求。

（1）垫纸、垫布、餐具托、口布等与餐饮具直接接触的物品应一客一换。撤换下的物品，应及时清洗消毒（一次性用品除外）。

（2）消费者就餐时，就餐区应避免从事引起扬尘的活动（如扫地、施工等）。

三、外卖配送服务

餐饮店的外卖配送服务应达到以下要求。

（1）送餐人员应保持个人卫生。外卖箱（包）应保持清洁，并定期消毒。

（2）使用符合食品安全规定的容器、包装材料盛放食品，避免食品受到污染。

（3）配送高危易腐食品应冷藏配送，并与热食类食品分开存放。

（4）从烧熟至食用的间隔时间（食用时限）应符合以下要求：烧熟后2小时，食品的中心温度保持在60℃以上（热藏）的，其食用时限为烧熟后4小时。

（5）宜在食品盛放容器或者包装上，标注食品加工制作时间和食用时限，并提醒消费者收到后尽快食用。

（6）宜对食品盛放容器或者包装进行封签。

（7）使用一次性容器、餐饮具的，应选用符合食品安全要求的材料制成的容器、餐饮具，宜采用可降解材料制成的容器、餐饮具。

第5节 清洗消毒管理

一、餐用具清洗消毒

餐用具清洗消毒应达到以下要求。

（1）餐用具使用后应及时洗净，餐饮具、盛放或接触直接入口食品的容器和工具使用前应消毒。

（2）清洗消毒宜采用蒸汽等物理方法消毒，因材料、大小等原因无法采用的除外。

（3）餐用具消毒设备（如自动消毒碗柜等）应连接电源，正常运转。定期检查餐用具消毒设备或设施的运行状态。采用化学消毒的，消毒液应现用现配，并定时测量消毒液的消毒浓度。

（4）从业人员佩戴手套清洗消毒餐用具的，接触消毒后的餐用具前应更换手套。手套宜用颜色区分。

（5）消毒后的餐饮具、盛放或接触直接入口食品的容器和工具，应符合GB 14934《食品安全国家标准消毒餐（饮）具》的规定。

（6）宜沥干、烘干清洗消毒后的餐用具。使用抹布擦干的，抹布应专用，并经清洗消毒后方可使用。

（7）不得重复使用一次性餐饮具。

二、餐用具保洁

餐用具保洁应达到以下要求。

（1）餐用具清洗或消毒后宜沥干、烘干。使用抹布擦干的，抹布应专用，并经清洗消毒方可使用，防止餐用具受到污染。

（2）消毒后的餐饮具、盛放或接触直接入口食品的容器和工具，应定位存放在专用的密闭保洁设施内，保持清洁。

（3）保洁设施应正常运转，有明显的区分标识。

（4）定期清洁保洁设施，防止清洗消毒后的餐用具受到污染。

三、洗涤剂和消毒剂

洗涤剂和消毒剂的使用应达到以下要求。

（1）使用的洗涤剂、消毒剂应分别符合 GB 14930.1《食品安全国家标准　洗涤剂》和 GB 14930.2《食品安全国家标准　消毒剂》等食品安全国家标准和有关规定。

（2）严格按照洗涤剂、消毒剂的使用说明进行操作。

第6节　废弃物管理

餐饮店内各类废弃物的及时、正确处理，是保证环境卫生的重要工作。

一、废弃物存放容器与设施

废弃物存放容器与设施应达到以下要求。

（1）食品处理区内可能产生废弃物的区域，应设置废弃物存放容器。废弃物存放容器与食品加工制作容器应有明显的区分标识。

（2）废弃物存放容器应配有盖子，防止有害生物侵入、不良气味或污水溢出，防止污染食品、水源、地面、食品接触面（包括接触食品的工作台面、工具、容器、包装材料等）。废弃物存放容器的内壁光滑，易于清洁。

（3）在餐饮服务场所外适宜地点，宜设置结构密闭的废弃物临时集中存放设施。

二、废弃物处置

废弃物处置应达到以下要求。

（1）餐厨废弃物应分类放置、及时清理，不得溢出存放容器。餐厨废弃物的存放容器应及时清洁，必要时进行消毒。

（2）应索取并留存餐厨废弃物收运者的资质证明复印件（需加盖收运者公章或由收运者签字），并与其签订收运合同，明确各自的食品安全责任和义务。

（3）应建立餐厨废弃物处置台账，详细记录餐厨废弃物的处置时间、种类、数量、收运者等信息。

第7节 有害生物防治

餐饮店内苍蝇、蟑螂、老鼠等有害生物能传播细菌、病毒，污染食物、炊具、餐具，杜绝病媒生物是保证环境卫生的重要工作。

一、防治基本要求

有害生物防治的基本要求如下。

（1）有害生物防治应遵循物理防治（粘鼠板、灭蝇灯等）优先，化学防治（滞留喷洒等）有条件使用的原则，保障食品安全和人身安全。

（2）餐饮店的墙壁、地板无缝隙，天花板修葺完整。所有管道（供水、排水、供热、燃气、空调等）与外界或天花板连接处应封闭，所有管、线穿越而产生的孔洞，选用水泥、不锈钢隔板、钢丝封堵材料、防火泥等封堵，孔洞填充牢固，无缝隙。使用水封式地漏。

（3）所有线槽、配电箱（柜）封闭良好。

（4）人员、货物进出通道应设有防鼠板，门的缝隙应小于6mm。

二、设施设备的使用与维护

对防治有害生物的设施设备应有正确的使用方法及正常的维护，具体要求见表9-4。

表9-4 防治有害生物设施设备的使用与维护

序号	设施设备	具体要求
1	灭蝇灯	（1）食品处理区、就餐区宜安装粘捕式灭蝇灯，使用电击式灭蝇灯的，灭蝇灯不得悬挂在食品加工制作或储存区域的上方，防止电击后的虫害碎屑污染食品 （2）应根据餐饮店的布局、面积及灭蝇灯使用技术要求，确定灭蝇灯的安装位置和数量
2	鼠类诱捕设施	（1）餐饮店内应使用粘鼠板、捕鼠笼、机械式捕鼠器等装置，不得使用杀鼠剂 （2）餐饮店外可使用抗干预型鼠饵站，鼠饵站和鼠饵必须固定安装
3	排水管道出水口	排水管道出水口安装的篦子宜使用金属材料制成，篦子缝隙间距或网眼应小于10mm

续表

序号	设施设备	具体要求
4	通风口	与外界直接相通的通风口、换气窗外,应加装不小于16目的防虫筛网
5	防蝇帘及风幕机	（1）使用防蝇胶帘的,防蝇胶帘应覆盖整个门框,底部离地距离小于2cm,相邻胶帘条的重叠部分不少于2cm （2）使用风幕机的,风幕应完整覆盖出入通道

三、防治过程要求

在对有害生物防治的过程中,应达到以下要求。

（1）收取货物时,应检查运输工具和货物包装是否有有害生物活动迹象（如鼠粪、鼠咬痕等鼠迹,蟑尸、蟑粪、卵鞘等蟑迹）,防止有害生物入侵。

（2）定期检查食品库房或食品储存区域、固定设施设备背面及其他阴暗、潮湿区域是否存在有害生物活动迹象。发现有害生物,应尽快将其杀灭,并查找和消除其来源途径。

（3）防治过程中应采取有效措施,防止食品、食品接触面及包装材料等受到污染。

四、卫生杀虫剂和杀鼠剂的管理

卫生杀虫剂和杀鼠剂的管理要求见表9-5。

表9-5 卫生杀虫剂和杀鼠剂的管理要求

序号	管理类别	具体要求
1	卫生杀虫剂和杀鼠剂的选择	（1）选择的卫生杀虫剂和杀鼠剂,应标签信息齐全（农药登记证、农药生产许可证、农药标准）并在有效期内;不得将不同的卫生杀虫剂制剂混配 （2）应使用低毒或微毒的卫生杀虫剂和杀鼠剂
2	卫生杀虫剂和杀鼠剂的使用要求	（1）使用卫生杀虫剂和杀鼠剂的人员应经过有害生物防治专业培训 （2）应针对不同的作业环境,选择适宜的种类和剂型,并严格根据卫生杀虫剂和杀鼠剂的技术要求确定使用剂量和位置,设置警示标识
3	卫生杀虫剂和杀鼠剂的存放要求	不得在食品处理区和就餐场所存放卫生杀虫剂和杀鼠剂产品,应设置单独、固定的卫生杀虫剂和杀鼠剂产品存放场所,存放场所具备防火防盗通风条件,由专人负责

第8节 食品安全管理

一、设立食品安全管理机构和配备人员

（1）餐饮服务企业应配备专职或兼职食品安全管理人员，宜设立食品安全管理机构。

（2）中央厨房、集体用餐配送单位、连锁餐饮企业总部、网络餐饮服务第三方平台提供者应设立食品安全管理机构，配备专职食品安全管理人员。其他特定餐饮服务提供者应配备专职食品安全管理人员，宜设立食品安全管理机构。

（3）食品安全管理人员应按规定参加食品安全培训。

二、建立食品安全管理制度

（1）餐饮店应建立从业人员健康管理制度、食品安全自查制度、食品进货查验记录制度、原料控制要求、过程控制要求、食品安全事故处置方案等。

（2）餐饮店宜根据自身业态、经营项目、供餐对象、供餐数量等，建立如下食品安全管理制度。

——食品安全管理人员制度。

——从业人员培训考核制度。

——场所及设施设备（如卫生间、空调及通风设施、制冰机等）定期清洗消毒、维护、校验制度。

——食品添加剂使用制度。

——餐厨废弃物处置制度。

——有害生物防治制度。

（3）餐饮店应定期修订完善各项食品安全管理制度，及时对从业人员进行培训考核，并督促其落实。

三、进行食品安全自查

餐饮店应结合经营实际，全面分析经营过程中的食品安全危害因素和风险点，确定食品安全自查项目和要求，建立自查清单，制定自查计划。

餐饮店可根据食品安全法律法规，自行或者委托第三方专业机构开展食品安全自查，及时发现并消除食品安全隐患，防止发生食品安全事故。

食品安全自查包括制度自查、定期自查和专项自查。

1. 制度自查

对食品安全制度的适用性，每年至少开展一次自查。在国家食品安全法律、法规、规章、规范性文件和食品安全国家标准发生变化时，及时开展制度自查和修订。

2. 定期自查

特定餐饮服务提供者对其经营过程，应每周至少开展一次自查；其他餐饮服务提供者对其经营过程，应每月至少开展一次自查。定期自查的内容，应根据食品安全法律、法规、规章和规范确定。

3. 专项自查

获知食品安全风险信息后，应立即开展专项自查。专项自查的重点内容应根据食品安全风险信息确定。

餐饮店对自查中发现的问题食品，应立即停止使用，存放在加贴醒目、牢固标识的专门区域，避免被误用，并采取退货、销毁等处理措施。对自查中发现的其他食品安全风险，应根据具体情况采取有效措施，防止对消费者造成伤害。

四、投诉处置

餐饮店对食品安全投诉应按以下要求处置。

（1）对消费者提出的投诉，应立即核实，妥善处理，留存记录。

（2）接到消费者投诉食品感官性状异常时，应及时核实。经核实确有异常的，应及时撤换，告知备餐人员做出相应处理，并对同类食品进行检查。

（3）在就餐区公布投诉举报电话。

五、食品安全事故处置

对于食品安全事故，餐饮店应按以下要求处置。

（1）发生食品安全事故的，应立即采取措施，防止事故扩大。

（2）发现其经营的食品属于不安全食品的，应立即停止经营，采取公告或通知的方式告知消费者停止食用、相关供货者停止生产经营。

（3）发现有食品安全事故潜在风险，及发生食品安全事故的，应按规定报告。

六、公示

餐饮经营者应按以下要求进行公示。

（1）将食品经营许可证、餐饮服务食品安全等级标识、日常监督检查结果记录表等公示在就餐区醒目位置。

（2）网络餐饮服务第三方平台提供者和入网餐饮服务提供者应在网上公示餐饮服务提供者的名称、地址、餐饮服务食品安全等级信息、食品经营许可证。

（3）入网餐饮服务提供者应在网上公示菜品名称和主要原料名称。

（4）宜在食谱上或食品盛取区、展示区，公示食品的主要原料及其来源、加工制作中添加的食品添加剂等。

（5）宜采用"明厨亮灶"方式，公开加工制作过程。

七、场所清洁

餐饮店各场所清洁要求见表9-6。

表9-6 餐饮店各场所清洁要求

序号	场所	清洁要求
1	食品处理区	（1）定期清洁食品处理区设施、设备 （2）保持地面无垃圾、无积水、无油渍，墙壁和门窗无污渍、无灰尘，天花板无霉斑、无灰尘
2	就餐区	（1）定期清洁就餐区的空调、排风扇、地毯等设施或物品，保持空调、排风扇洁净，地毯无污渍 （2）营业期间，应开启包间等就餐场所的排风装置，包间内无异味
3	卫生间	（1）定时清洁卫生间的设施、设备，并做好记录和展示 （2）保持卫生间地面、洗手池及台面无积水、无污物、无垃圾，便池内外无污物、无积垢，冲水良好，卫生纸充足 （3）营业期间，应开启卫生间的排风装置，卫生间内无异味

第9节 从业人员管理

餐饮业中近80%的食物中毒源于员工的个人卫生习惯、卫生责任心，为了保障食品安全，餐饮店务必要做好餐饮从业人员的管理。

一、健康管理

对从业人员的健康管理要求如下。

（1）从事接触直接入口食品工作（清洁操作区内的加工制作及切菜、配菜、烹饪、传菜、餐饮具清洗消毒）的从业人员（包括新参加和临时参加工作的从业人员，下同）应取得健康证明后方可上岗，并每年进行健康检查取得健康证明，必要时应进行临时健康检查。

（2）食品安全管理人员应每天对从业人员上岗前的健康状况进行检查。患有发热、腹泻、咽部炎症等病症及皮肤有伤口或感染的从业人员，应主动向食品安全管理人员等报告，暂停从事接触直接入口食品的工作，必要时进行临时健康检查，待查明原因并将有碍食品安全的疾病治愈后方可重新上岗。

（3）手部有伤口的从业人员，使用的创可贴宜颜色鲜明，并及时更换，佩戴一次性手套后，可从事非接触直接入口食品的工作。

（4）患有霍乱、细菌性和阿米巴性痢疾、伤寒和副伤寒、病毒性肝炎（甲型、戊型）、活动性肺结核、化脓性或者渗出性皮肤病等国务院卫生行政部门规定的有碍食品安全疾病的人员，不得从事接触直接入口食品的工作。

二、培训考核

餐饮店应每年对其从业人员进行一次食品安全培训考核，连锁餐饮店应每半年对其从业人员进行一次食品安全培训考核。

（1）培训考核内容为有关餐饮食品安全的法律法规知识、基础知识及本单位的食品安全管理制度、加工制作规程等。

（2）培训可采用专题讲座、实际操作、现场演示等方式。考核可采用询问、观察实际操作、答题等方式。

（3）对培训考核及时评估效果、完善内容、改进方式。

（4）从业人员应在食品安全培训考核合格后方可上岗。

三、人员卫生

从业人员应保持良好的个人卫生，具体要求如下。

（1）从业人员不得留长指甲、涂指甲油。工作时，应穿清洁的工作服，不得披散头发，佩戴的手表、手镯、手链、手串、戒指、耳环等饰物不得外露。

（2）食品处理区内的从业人员不宜化妆，应戴清洁的工作帽，工作帽应能将头发全部遮盖住。

（3）进入食品处理区的非加工制作人员，应符合从业人员卫生要求。

（4）专门的从业人员应佩戴清洁的口罩。

（5）专用操作区内从事下列活动的从业人员应佩戴清洁的口罩。

——现榨果蔬汁加工制作。

——果蔬拼盘加工制作。

——加工制作植物性冷食类食品（不含非发酵豆制品）。

——对预包装食品进行拆封、装盘、调味等简单加工制作后即供应的。

——调制供消费者直接食用的调味料。

——备餐。

（6）专用操作区内从事其他加工制作的从业人员，宜佩戴清洁的口罩。

（7）其他接触直接入口食品的从业人员，宜佩戴清洁的口罩。

（8）如佩戴手套，佩戴前应对手部进行清洗消毒。手套应清洁、无破损，符合食品安全要求。手套使用过程中，应定时更换，如果重新洗手消毒后，应更换手套。手套应存放在清洁卫生的位置，避免受到污染。

四、手部清洗消毒

手部清洗消毒应达到以下要求。

（1）从业人员在加工制作食品前，应洗净手部，手部清洗宜符合《餐饮服务从业人员洗手消毒方法》。

（2）加工制作过程中，应保持手部清洁。出现如图9-3所示的情形时，应重新洗净手部。

情形一	加工制作不同存在形式的食品前
情形二	清理环境卫生、接触化学物品或不洁物品（落地的食品、受到污染的工具容器和设备、餐厨废弃物、钱币、手机等）后
情形三	咳嗽、打喷嚏及擤鼻涕后

图9-3　需重新洗净手部的情形

（3）使用卫生间、用餐、饮水、吸烟等可能会污染手部的活动后，应重新洗净手部。

(4)加工制作不同类型的食品原料前,宜重新洗净手部。

(5)从事接触直接入口食品工作的从业人员,加工制作食品前应洗净手部并进行手部消毒,手部清洗消毒应符合《餐饮服务从业人员洗手消毒方法》。加工制作过程中,应保持手部清洁。出现如图9-4所示的情形时,也应重新洗净手部并消毒。

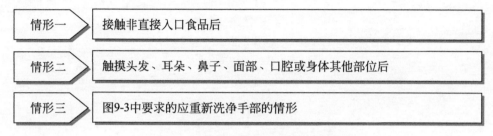

图9-4 应重新洗净手部并消毒的情形

五、工作服

对于厨房操作员工的工作服,应按以下要求进行管理。

(1)工作服宜为白色或浅色,应定点存放,定期清洗更换。从事接触直接入口食品工作的从业人员,其工作服宜每天清洗更换。

(2)食品处理区内加工制作食品的从业人员使用卫生间前,应更换工作服。

(3)工作服受到污染后,应及时更换。

(4)待清洗的工作服不得存放在食品处理区。

(5)清洁操作区与其他操作区从业人员的工作服应有明显的颜色或标识区分。

(6)专间内从业人员离开专间时,应脱去专间专用工作服。

第10章 发展外卖，增加营收

导言

目前餐饮业已经发展到了一个经营多元化、收入多元化的阶段，"堂食＋外卖＋可流通食品商品"成为未来的发展趋势。外卖在餐饮中的地位越来越高，竞争也日趋激烈。对此，餐饮店经营者应顺应趋势，加快发展外卖业务。

第1节 权衡利弊，选择流量入口

外卖服务已成为一家餐企必不可少的经营模式。一家餐厅或者一个餐饮品牌如果想要开展外送服务，就必须要了解外送市场究竟有哪些基本运营模式，有哪些流量入口。

一、餐饮企业自建自营外卖模式

餐饮企业或个人采用自建自营的物流运营模式，是国内最早的外卖O2O模式，也是最适合大型连锁类餐饮企业的外卖模式。餐企通过自营电话呼叫中心获取订单，利用多门店的优势，统一调配订单，并配备专职的配送团队，为顾客提供线下送餐服务。

二、第三方外卖平台

第三方外卖平台拥有市场上最大的外卖流量，是一个用餐饮业态为自己带来增值的公共平台，靠抽佣和第三方合作盈利，比如饿了么、美团，适合市场上所有想开展外卖服务的餐饮商家。

1.饿了么平台

2009年4月，饿了么网站正式上线。2018年10月12日，阿里巴巴集团宣布正式成立阿里巴巴本地生活服务公司，饿了么和口碑会师合并组成国内领先的本地生活服务平台，使命是"重新定义城市生活，让生活更美好。"口碑专注到店消费服务，饿了么专注到家生活服务，两者将共同推动本地生活市场的数字化，让线下没有难做的生意。

截至2018年12月，阿里本地生活服务公司覆盖676个城市和上千个县，活跃商户数350万，活跃骑手数66.7万人。

随着网络外卖的发展，越来越多的餐饮企业选择在网络外卖平台开店引流，那么如何入驻饿了么呢？具体步骤如图10-1所示。

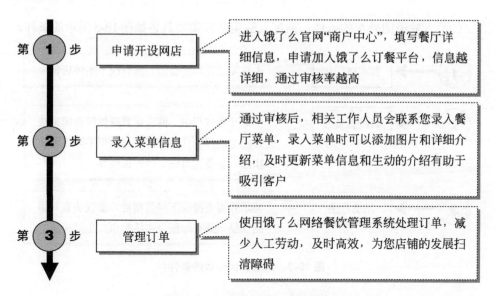

图 10-1 入驻饿了么平台的步骤

2.美团外卖平台

美团外卖于 2013 年 11 月正式上线,是美团旗下的网上订餐平台。上线之初,美团外卖挂靠在美团网上,借其流量入口,用户可根据所在地检索附近可送外卖餐厅,并进入后台直接点餐,在下单前留下送餐地址、姓名和手机号即可,支付选择货到付款的方式结算。

(1)入驻美团外卖的步骤。商家入驻美团外卖的步骤如图 10-2 所示。

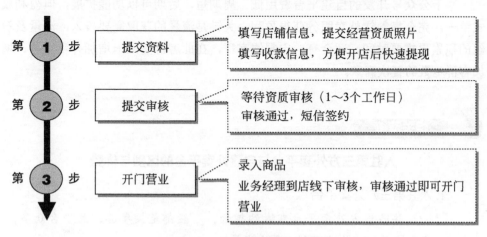

图 10-2 入驻美团外卖的步骤

（2）入驻美团外卖的条件。商家入驻美团外卖需具备如图10-3所示的条件。

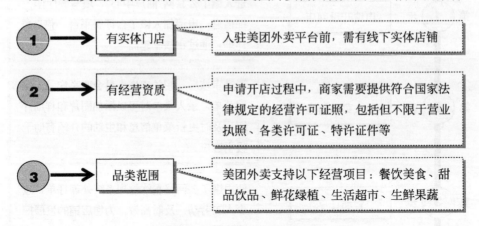

图10-3　入驻美团外卖的条件

> **小提示：**
> 现在随着外卖这个行业的发展，第三方外卖平台开始深受欢迎。餐饮企业在准备将餐厅入驻外卖平台时，可以根据需要选择入驻哪个平台或者是多个平台，但要权衡利弊。

三、基于公众号开发的自建平台

基于公众号开发的自建平台费用低、周期短，后期可以功能扩展，但盈利模式单一，完全靠餐饮外卖服务获得盈利，关键是流量的获取需要投入，流量及粉丝的积累更需要时间。适合有一定餐饮客群，在此客群基础上增加外卖服务、增加客群基数的餐饮商家。

相关链接

入驻第三方外卖平台与自建外卖平台的区别与优势

1.入驻第三方外卖平台

（1）入驻第三方外卖平台需缴纳押金，一般都是按年算，且平台众多，同质化竞争较严重，长远不利于平台发展。

（2）平台要在每笔订单抽取高昂的提点以及高配送费达20%的抽点，让原本乐意使用平台的商户越来越无法接受。

（3）入驻第三方外卖平台，品牌与客户资源都是平台的，商家无法掌握用户群体。

（4）平台之间顾客随意流动性比较大，商家无法和新老顾客形成黏性。

（5）平台上商家无法建立自己独立的会员系统、营销系统。

2.自己搭建外卖平台

（1）无需缴费入驻开店，更简单。微信外卖平台相当于商家自己家的门面做生意，不需要任何平台佣金；基于微信公众号建立，只需拥有一个微信公众号即可快速建立属于自己的微信外卖平台。

（2）无需App，更省事。用户只需关注外卖平台微信公众号即可在线浏览菜单、下单、付款。

（3）促销活动发布，更灵活。利用微信公众号平台即可打造自己的品牌，以及发布新品上市、商品折扣、促销活动等消息，提高店铺的知名度和吸引力。

（4）无同行竞争，更公平的营销环境。大型外卖平台商家众多，同质化竞争较严重。

（5）管理维护会员，更自由。用户只要关注公众号，即可成为会员，商家轻松拥有自己的会员系统、营销系统，最大限度地开发客户，提高平台订单量。

更重要一点是微信外卖平台用户掌握在自己手里，为以后的会员营销打下坚实的基础。而通过入驻外卖平台，所有的用户资源全部被归属平台，作为创业者只是为这些平台做数据嫁衣。

第2节　慎重选品，打造爆款产品

品种选择是外卖经营的重要环节，它在一定程度上决定着外卖经营的成败。

一、外卖品类的分析

随着市场竞争越来越激烈，外卖到底是应该选择小众品类入侵市场，以便抓住市场红利,还是选择大众接受度广的产品呢?对此,经营者可以根据不同的选择优势综合考虑。

1.大品类

肯德基、麦当劳的出现带火了汉堡、炸鸡,紧接着又出现了德克士、奈斯克、穆赫兰道等国内连锁品牌,甚至在三、四线城市还有许多不知名的汉堡品牌,它们经营得也很好,活得也很滋润。

事实上,这些汉堡品牌在共同享受着汉堡、炸鸡这个热门品类带给他们的红利,所谓大品类有大品牌,大市场有大赢家。

2.热门品类

针对外卖,热门品类应该是日常餐饮,比如米饭、炒菜、面条、麻辣烫等。虽然大家都在做这些品类,竞争很激烈,但也说明了一点,做这些品类起码不会出错。

反过来说,由于竞争较为激烈,这就需要餐饮经营者更深层次地挖掘品类特点,抓住用户痛点,推出与其产生共鸣的产品,还要给用户提供更优质的用餐体验,只有这样才能在品类中立足,并做出品牌。

3.小众品类

小众品类一般指的是地方特色小吃和新奇的产品。选择小众品类需考虑,产品是否容易标准化。

比如串串香就是地方特色小吃,异军突起后抢占了火锅市场。其根本原因是容易标准化,虽然每家串串的味道不一样,但串串这种形式很容易复制和形成标准。

小众品类具有如图10-4所示的3个优势。

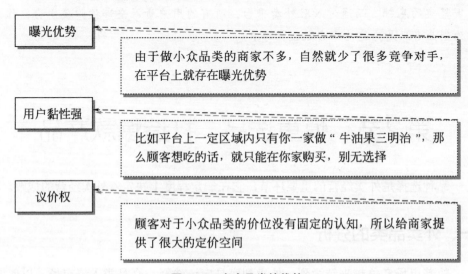

图10-4 小众品类的优势

二、选择品类的标准

餐饮经营者在选择外卖品类时,可以参考以下6个标准。

1. 选择"高频"产品

快餐选品的第一要义,就是高频次,选取消费者喜好的最大公约数。高频就是说这个品类"你不一定觉得多么好吃,但是一周有三四天可能都在吃这个";非高频就是"你朝思暮想心心念念的那个味道,但是一周可能吃一次过个瘾,不可能天天吃。"

那具体什么产品是高频?米饭就是刚需,根据外卖榜单来看,各大城市的品类排行榜上都是米饭居首位;粉面也是,面食已经流行了几千年,它不可能突然就不流行了;麻辣烫这个品类也算,因为它的生命力顽强,已经渗透到用户的喜好当中,不管在哪个城市,麻辣烫排名可能不是第一,但这个口味绝对榜上有名。

2. "温度、形态"是外卖产品天生痛点

选择了高频大品类之后,接下来要注意外卖产品的痛点。选品的时候要么避开有痛点的产品,要么解决它。

业内人士分析:"温度、产品形态是决定外卖产品口感的两大因素。"有些产品对温度比较敏感,比如包子、粥等,这种做外卖,口感流失度就会比较大;有些产品在形态上不适合做外卖,比如青菜系列。

粉面类产品也有粉断、面坨的问题,但有不少商家也探索出解决痛点的方法,比如改进面条制作工艺,汤、面分开打包,可以减少面条成坨的概率。

3. 供应链和出品"稳定度"至关重要

产品稳定度是品牌被信赖的根本原因之一,此决定因素有两个,如图10-5所示。

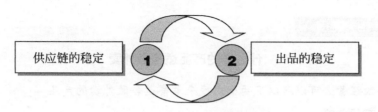

图10-5 决定产品稳定度的因素

做外卖需要供应链四季稳定,所以选品的时候,最好选择受季节影响不大的产品,或者选取有强大供应链支撑的产品。

而出品的稳定,往往通过"标准化"的出品流程来实现,也有一些商家尝试

"料理包"来实现口味稳定。

4.大品类细分战里藏着"爆品机会"

或许有人会说,专业外卖米饭类品牌店不停地在开,感觉做米饭机会已经没有了。其实不然,越大的品类赛道越宽,只要找准自己的定位,机会相当多。

比如,从成都的外卖榜单可以发现,米饭品类花样繁多,只要在细分和特色深入研究,如荷叶饭、排骨饭、烤肉饭等都可以进入"万单俱乐部"。

5.从市场空白处寻找"品类品牌化"机会

比如,渝是乎想沿袭重庆的"辣"品类,但发现火锅、水煮鱼、烤鱼、麻辣香锅这些品类都全了,这个'辣'都被人用完了,怎么办?后来发现还有酸菜鱼这个品类可以做,但是华东有我家、严厨,华南有太二、禄鼎记,竞争已经够激烈,只有北方城市还有发展余地,就选了北京。

按照根据地选择品类,或者按照品类选择根据地,都是为了避开强劲对手,"发育"成为一方诸侯。

6.解决用户的痛点就是你的价值所在

当大部分餐饮商家为了"快速复制"不断追求"标准化"甚至"工业化"的时候,坚持"现炒现卖"的商家反而能以"逆流而上"创造价值。

比如,深圳的外卖之王——义泰昌正是将"现炒才好吃"作为品牌立身之本。通过强大的厨师团队、校企结合的培训体系和IT系统,在标准化的同时实现快速出餐,并且为了保证用户体验,主动缩短配送范围到3~4公里。

其创始人认为:"虽然现炒模式做起来很重,不像一些比较轻的模式,可以跑得更快一些,但正是因为重,所以认真地做、用心地做,就可以成为一道护城河,成为市场竞争中的壁垒。"

相关链接

什么样的产品适合做外卖

餐饮经营者可以从以下两个角度来考察适合做外卖的产品。

1.产品角度

(1)产品永远是基础。产品的味道要够好吃、够正宗。产品永远是基础,不能说有多好吃,至少要保证不难吃。

(2)易于操作,易于标准化。不容易操作的菜品除非做品质外卖,走高价路线，否则走量可能性不太大。容易操作的菜品，比如说热干面，可以做到2分钟出餐，味道主要靠调料保持，而且即使坨了加少许开水就行了。比较普遍的是黄焖鸡，提前压好鸡肉，标准化和速度都可以。除此之外当然还有麻辣烫、猪蹄、龙虾、甜品、水果、沙拉等。

（3）可配送，出餐快。可以配送，而不太影响味道，是最好的标准。如果菜品需要2个小时才能出来，那做预定可以，同样走量可能性不大。

什么不太容易去配送？比如面条、水饺、烩面等，容易坨、容易撒，顾客的体验性比较差。

（4）利润25%以上。外卖的成本结构注定了低毛利的菜品不适合做外卖的生意。外卖的成本结构，人工配送占据了很大一块，低毛利的菜品不建议上，除非此菜品可以帮助你的店铺迅速引流，吸引人气。

2.顾客角度

（1）产品要有特色。什么叫有特色，就是有自己的特点，比如黄焖鸡、熬炒鸡、麻辣小龙虾、特色猪蹄、正宗麻辣烫，这类小吃做午餐挺合适。

（2）少选择，少即是多。这里的少并不是说一天只出一款外卖。因为人是杂食动物，口味的多样性是天生的，一天一道菜是无法满足大多数顾客的。中午的午餐选择，顾客本身就有选择困难症，如果有必要就不要增加他额外的选择空间。

少即是多，菜品没必要一下子几十个，选择大众已接受的，性价比相对比较高的，保持在15款以内，如有必要10款以内最好，有负责引流的产品，有负责利润的产品。

三、爆款产品的特性

往常的外卖市场，竞争情况日益激烈，产品同质化严重。外卖餐厅要想脱颖而出，最为有效的办法就是要将产品做得与众不同，赋予产品明显的品牌特性，这样不仅可以吸收更多的用户莅临，还能加深用户关于外卖品牌的用餐体验和消费记忆，便于品牌传播，这就是单品爆款战略，即选择某个单品并将其做到极致，从而构成口碑。

一般来说，爆款产品应该具有如图10-6所示的特性。

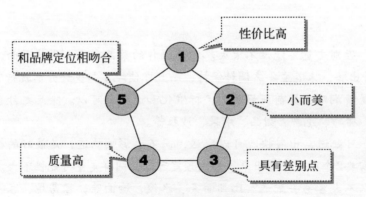

图10-6　爆款产品的特性

1. 性价比高

餐饮的本质是好吃不贵。因此，爆款产品定价一定要合理，要在保留利润空间的同时，还要确保没有超出用户的预期心理价位，以营造"性价比高"的感受。通常情况下，爆款产品的价格应该满足以下条件：

$$产品成本＜产品定价＜顾客心理价位$$

2. 小而美

外卖品牌需要借助打造爆款来使品牌认知度以及用户忠诚得到显著提升，爆款对于外卖的重要意义不言而喻，而需要强调的是，爆款数量不需要很多，哪怕只有一款招牌菜，只要足够出色，无人能够效仿便足矣。外卖店铺爆款设定不必追求大而全，而是能够专注某一特定品类，将其打磨到极致，创造品牌差异化，才能实现爆款的最终目的。

3. 具有差别点

给用户留下深刻品牌记忆，让用户过"口"不忘是外卖爆款产品的主要目的，而这就要求其必须能够和其他同类菜品形成明显的差异，要特色鲜明。因此，在爆款产品的打造过程中，餐厅要不断对产品的独特卖点进行挖掘。

4. 质量高

产品的高性价比，要建立在产品质量足够优秀的基础上，对于外卖餐厅而言，产品本身永远是最为核心的竞争力。因此，在打造爆款过程中，一定不可以忽略对产品本身质量的把控。

5. 和品牌定位相吻合

爆款是品牌形象的代表，承载着品牌的文化。因此，爆款的选择设定一定要和餐厅的品牌定位相吻合，一家海鲜店不可能选择一款炒菜为爆款，爆款产品的打造一定要和外卖品牌发展主线相呼应，从而使品牌势能得到有效提升。

四、打造爆品的步骤

餐饮经营者可以根据爆品的特性来打造本店的爆品，具体步骤如图10-7所示。

图10-7　打造爆品的步骤

1.了解选择爆品的逻辑

爆品的选择逻辑如图10-8所示。

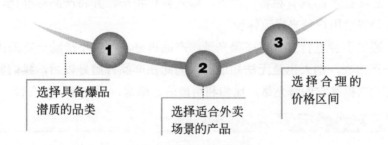

图10-8　爆品的选择逻辑

（1）选择具备爆品潜质的品类。从口味方面考虑，可以选择现在大众比较喜欢的菜品种类，比如近几年比较火爆的川菜、小龙虾。从认知度出发，可以选择消费者比较熟悉的品类，如酸辣粉等，然后再进行产品升级。

（2）选择适合外卖场景的产品。当然并非所有消费者喜欢的菜品都可以做爆品，我们还要考虑到它是否适合外卖场景。

比如，制作时间长和操作复杂的菜品，不仅影响出餐速度，还容易忙中出错影响客户体验。

（3）选择合理的价格区间。价格是影响用户品牌感知的一个重要方面，产品的价格过高，消费者不会买账，而价格过低则会"赔本赚吆喝"。因此，在打造爆品时，你需要去了解目标客群的消费能力，根据他们所能接受的价格来制定爆品价格，同时这个价格也要保证自己能盈利。

2. 实施打造爆品的战略

打造爆品的战略如图10-9所示。

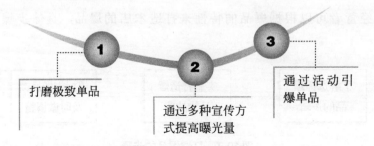

图10-9 打造爆品的战略

（1）打磨极致单品。一个爆品之所以能成为爆品，它必定是一款与众不同的产品，能给用户带来超出预想的体验。因此，在打造爆品时，把菜做得好吃只是第一步，还要让产品具有独特的卖点，即差异化特征，并将产品标准化，保证质量，才能最终给用户带来极致体验。

（2）通过多种宣传方式提高曝光量。产品再好，如果不借助一定的媒介或渠道把它传播出去，别人也是无法知道的，因此在产品打磨好以后，我们要通过多种宣传方式来提高它的曝光量，比如利用微信、微博、朋友圈、抖音等。

> **小提示：**
>
> 在推广期间，还要重点强调爆品和品牌的对应关系，避免出现类似"歌红人不红"的尴尬局面。

（3）通过活动引爆单品。前期通过宣传获得流量后，如果不能及时转化为订单，爆品就难以形成。在爆品的推广期，应把它仅仅作为一种引流手段，而不是盈利点，配合相应的平台活动，成功打响爆品的名气。

3. 根据市场反馈及时做调整

打造爆品并不是一蹴而就的过程，产品投入市场后，需要有一个反馈的时间，你需要定期收集用户的评价，来对产品进行调整。

另外从长远来说，爆品也是有生命周期的。一个产品不可能永远的火爆下去，近几年黄焖鸡、沙县小吃的市场地位下降，就说明了这点。因此在爆品发展到后期时，你需要及时选择新的爆品来代替。

第3节 注重细节，完善顾客体验

想要打造一个高品质的外卖餐饮品牌，规模大小并不是决定性因素，关键还是在细节上的用心优化。

一、设立不同的菜单

外卖与实体店最大的区别就在于出菜到用餐的时间，如果外卖平台上直接照搬实体店的菜单，一来是菜品过多会影响订餐体验，二来对打包方式要求比较高，如果配送时间过长、道路颠簸也会影响菜品的质量，所以只对线上消费者的需求，设计出相对应的菜单就显得非常重要。

同时，根据当地顾客消费习惯和店铺活动，上架不同的菜单，如早餐、午餐、下午茶、晚餐、夜宵，以及节日活动推出的元宵、粽子、月饼等特色商品，都可以在外卖系统后台随时调整营业状态和商品的上下架。

二、选择合适的包装

当互联网遇上餐饮，餐饮经营者对外卖越来越看重，外卖的包装颜值更是重中之重，不只有餐饮店环境才能吸引顾客，好的外卖包装一样能留给顾客良好的印象，那么外卖包装如何选择呢？具体要求如图10-10所示。

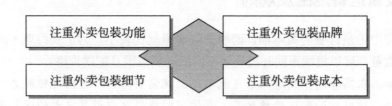

图10-10 外卖包装的选择要求

1. 注重外卖包装功能

外卖包装的功能性不只是装食物，如果顾客拿到的外卖，汤撒的到处都是，饭菜油油腻腻混作一团，会严重影响顾客的就餐体验，所以外卖包装的功能性不是单纯的装东西,更要尽可能保证外卖到达顾客手中时,保持菜品最初的形态,方便顾客。

比如,顾客点的外卖是米饭和炒菜,包装可使用分格饭盒,将饭菜分离,讲究实用;顾客点的外卖是馄饨,应选择碗底较深且质感结实的碗,以便承受馄饨的重量,并配备长柄勺。

2.注重外卖包装细节

如果外卖包装吃饭没筷子、喝汤没勺子、饮料没吸管,虽然都是小失误,但会让顾客觉得商家没有诚意。顾客点外卖虽然看不到餐饮店装修效果,但从外卖包装可以感受到商家的服务态度,为了避免这种忘记送餐具的低级失误,外卖包装可以将餐具和腰带设计在一起,这样就不会忘记了,既提高了餐饮店的工作效率,又显得别致,让顾客感受到商家的用心。

3.注重外卖包装品牌

搞外卖的餐饮店这么多,一样的外卖包装,没有自己餐饮店的标识,顶多就是订单上一个单薄的名字,下一次或许就完全忘记曾经吃过什么了,外卖包装就是一次餐饮店的自我展示机会,可以在外卖包装上进行餐饮VI设计,多一些品牌细节展现,给顾客留下深刻印象,让顾客形成对餐饮品牌的认知。

4.注重外卖包装成本

外卖包装设计要符合常理,毕竟外卖包装也是要计算成本的。如果成本太高,餐厅接受不了,顾客也接受不了,毕竟顾客的主要需求是吃饭,通常来说外卖餐具的价格应该不超过客单价的10%是比较合理的。

三、设置送餐范围及规则

一般中午是订餐的高峰期,而晚上订餐量就比较小,为了获得更多的消费者和订单数量,可以根据不同时段设置不同的送餐范围及配送价格。

比如,在高峰期,配送人手可能不足,就需要与第三方的跑腿服务合作,商家就需要将该时段的配送价格抬高,在休闲时段便可以设置更大的送餐范围和降低配送费。

当订单量有翻倍增长时,又可以接入第三方配送服务,将门店配送人员和第三方配送人员的数据都录入到外卖配送系统当中,统一管理,根据营业实况合理调度骑手,并可以实时监测每位骑手的工作动态和送餐路线。

第4节 宣传推广，提升平台销量

对于一家餐厅而言，利润增长的关键在于客源数量，想要做好外卖市场，平台的宣传和推广是必不可少的。餐饮经营者可按以下策略来着手提升店铺的外卖销量。

一、提升店铺的曝光率

一家外卖店的曝光主要来自店铺排名、搜索功能、订单流量、为你优选、优惠专区等流量入口，其中店铺排名是带来最多曝光的，占比总曝光的60%左右，其次是搜索功能，占比总曝光20%～30%。想解决曝光问题，需从如图10-11所示的两个方面入手。

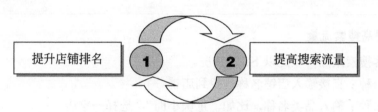

图10-11 提升店铺曝光率的技巧

1.提升店铺排名

店铺排名是由一系列复杂因素计算得出的，主要有以下6个因素。

（1）延长营业时间。当其他各因素都相同时，如果一家店的营业时长为12小时，而另一家店的营业时长为8小时，那么前者的排名会比后者高。

（2）起送价不能太高。如果你是自配送商家，你可以自由设定自己的起送价，一般来说起送价越低，排序靠前的可能性就更大。

（3）确认你的主营品类有无错误。如果你的主营品类为夜宵，那么你的店铺排名会在夜宵时段高于专做早餐的商家，而在早餐时段，你的店铺排名会低于早餐商家。

如果你的主营品类是麻辣烫，当顾客搜索"麻辣烫"时，你的店铺排名会比主营品类为冒菜、烤串的店铺高。所以，请确保主营品类的选择无误，如果有错误可以在后台自行修改。

（4）常做店铺活动。经常性地举办店铺活动、参与平台活动会在店铺排名上有一定优势。举办活动的数量、活动的力度也会影响店铺排名。

比如，做满减活动时，A商家满50减10，B商家满50减15，因为后者的活动力度更大，B商家的店铺排名会比A商家靠前。

（5）确保销售额足够高。销售额越高的店铺，排名越靠前。销售额=订单数量×订单均价，其中，销售额是指减去满减等优惠后商家实际得到的金额。

（6）提高店铺评分。差评多，导致店铺评分降低，从而拉低排名，减少店铺曝光。不过，真正能够影响店铺评分的并不是单个差评，而是一星差评率，也就是一星评价数占总评价数的比值。

如果店铺的好评、中评足够多，偶尔有几个一星差评并不会带来负面影响。除此外，系统考察的是过去一段时间内的评价，很久以前的差评并不会被计算。

> **小提示：**
>
> 想要提高店铺评分，最简单直接的方法是鼓励顾客们给好评，经营者可以在外卖包装里塞小纸条，或者是在菜单中对顾客卖萌求好评。

2.提高搜索流量

顾客搜索菜品一般是以下3种情况。

第一种：直接输入店铺名称，找到店铺。

第二种：输入品类名称，比如"重庆小面"，选择一家店。

第三种：点击搜索框查看"热门搜索"的推荐，选择一家店。

对于大多数餐厅来说，最常遇到的情况是第二种。因此，想要让自己的店更容易被搜到，需要做好如图10-12所示的3点。

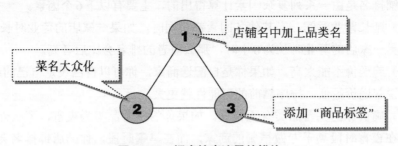

图10-12　提高搜索流量的措施

（1）店铺名中加上品类名。最经典的外卖店铺名是"品牌名称＋品类名称"的形式。由于店名中包含着顾客搜索的品类名称，所以更加容易被搜到。大多品牌店都使用这种命名方式。

比如，拿渡麻辣香锅、田老师红烧肉。

（2）菜名大众化。餐饮企业可以通过优化菜品名增加被搜索到的概率。优化的规则很简单：清晰易懂，是常见菜名。

比如，豆腐汤就叫"豆腐汤"，而不是"滋润营养汤"，那么被顾客搜到的可能性会大得多。如果觉得"豆腐汤"太普通，也可以叫"暖胃豆腐汤""荟萃豆腐汤"，都可以，只要加上关键词就行。

小提示：

如果菜品是套餐，可以是菜品名＋一人餐或双人餐。

（3）添加"商品标签"。填写"商品标签"是最容易提升搜索排名的方法，通过给每道菜品写上食材、做法、口味等标签，顾客在搜的时候，就算他搜的词不包含在你的店名、菜名里，只要商品标签里有，就都能搜到。

相关链接

店铺如何优化搜索，让顾客更容易找到

有数据显示，每五个订单中，就有一个是通过搜索功能完成下单的，所以，优化搜索是让顾客能找到店铺的一个重要途径，能给店铺带来更多的曝光，提升店铺的订单量。

那么，具体应该如何来优化搜索？

1. 菜品取名要用常见且完整的词汇

一般顾客如果搜索菜品名称，就表明他已经想好了要吃什么，下单目的性就非常明显。

比如，一个顾客想吃韭菜鸡蛋饺子，那么他会直接在搜索框中输入"韭菜鸡蛋水饺"，然后从排名先后往下选择，而这其中，排名越靠前的菜品名称是越符合顾客搜索的内容的。

但是有一些外卖商家没有意识到这一点，把菜品名字写成"韭菜鸡蛋"，虽然顾客进店之后，也能明白具体是什么菜品，但是少了"水饺"两个字，在搜索的时候，就没有办法出现在搜索结果的列表上，就白白浪费了这一部分的流量。

2. 店铺名称要加上主打品类或商圈名

首先，优化店铺名称的关键则是要突出主打品类，因为顾客在搜索菜品的时候，搜索结果会显示与搜索词一致或者近似的店铺，这样顾客才能在搜

索时,发现并找到你的店铺。比如搜索粥的时候,品牌名带粥的店铺就会出现在搜索界面上,如下图所示。

店铺搜索界面

其次,优化店铺名称的时候,可以将具体的商圈的名字加在后面,比如金百万烤鸭(方恒购物中心店),肯定就会比金百万烤鸭(望京店)更合适,因为具体到商圈,更容易让用户辨别位置。

3.制定标准化的LOGO,让顾客有记忆点

在外卖竞争激烈的当下,顾客的选择性太多,所以对于外卖品牌来说,一定要具备一个高度的自我识别性,那么一个足够吸睛和标准化的LOGO,正好能够实现这一点。

之所以要标准化,是因为只要顾客在下过一次单之后,下一次再看到LOGO就能有印象,能够想起来,"哦,这是我曾经点过的门店,下过单的门店",所以一个标准化的LOGO能够从潜意识里来加深顾客的印象。

4.美化菜品图片,让顾客有点开的欲望

顾客从平台选择点外卖的时候,会首先看到菜品图片,那么,顾客有没

有点开看的欲望,就在于菜品图片的颜值高不高,够不够吸睛。

尤其外卖的核心人群是更年轻化的一类人群,这类人群需要不断的吸引力和刺激,如果你的店铺菜品介绍或者是菜品图片长期固定,长期不更新的情况下,品牌的渗透率和给顾客的预期都是达不到的,所以在菜品图的投入上是非常有必要的。

比如,曼玲粥店的做法是,在整体的菜品图片的规划中,会定期更换图片,保证顾客在看到图片的时候,有新鲜感,有点开的欲望。

5. 菜品做精细化分类,让顾客购买更便捷

门店菜品需要做精细化的分类,一方面能够让顾客购买起来更加便捷,另一方面,也是组合整体菜品的一种手段,可以通过这种方式,来把所有的热销菜品或者主推菜品放在前面。

比如,某餐饮店里第一个是放热销产品,第二个是折扣产品,第三个是营销类型的产品,这样顾客能在第一时间看到这些产品,便能够产生购买行为。如下图所示。

热销产品界面

二、提升店铺访问转化率

访问转化率是指进店人数占店铺曝光人数的比值。访问转化率低意味着很多顾客划动过你的店铺,但是并没有点击进去。想要解决这个问题,需要做好如图10-13所示的4点。

```
提升访问转
化率的技巧  →  店铺头图要有质感
              店铺名最好为品牌名+品类名
              配送费不能太高
              丰富活动种类，但也别太多
```

图10-13　提升店铺访问转化率的技巧

1. 店铺头图要有质感

在访问转化率中，店铺头图非常重要。很多餐饮企业不重视这个小图片，对审美和设计不屑一顾。他们觉得自己是做餐饮的，只要口味好就可以，图片啥的都是唬人的。

这种想法在线下实体餐饮店可能没问题，但是在线上外卖店上就大有问题了。实体店中，能吸引顾客注意的可以是香味、门头、客流、服务员的吆喝，但这些在线上外卖店中都没有。当顾客"路过"（也就是手指划过）你的店铺时，能直接吸引他们注意力的，就是这个小小的图片。

你的头图需要亮眼，有设计感、质感，用它吸引顾客的视线，从而点击进店。

> 🔍 **小提示：**
>
> 观察周围店铺头图的颜色，然后选择一个和它们不一样的颜色作为主色调。比如，在一堆红色头图中，白色的绿茶餐厅显得很显眼。

2. 店铺名最好为品牌名 + 品类名

为什么店铺名最好按照这种形式命名？因为它除了能提升搜索外，还有利于顾客快速了解，进而增加访问转化率。

如果你的店名叫"阿良蒸饺"，那么顾客能迅速明白你主卖的是蒸饺，"阿良"是你的品牌名。但有的人会把店铺取为"阿良家""阿良的童年味道"之类的名字，虽然很好听，但是顾客们会一头雾水。就算你的头图中有蒸饺，店铺的主营品类选择的也是"饺子"，可顾客是不会注意的。

需要注意的是，虽然外婆家、真功夫、麦当劳这些店，光看名字也不知道具体卖的是什么，但是这些品牌在餐饮界已经拼杀多年，早已在人们心中塑造出品牌形象，一家普通的外卖店不应该在取名方面借鉴它们。所以，写明餐厅的品类，让顾客做直线思考，这样才能提升店铺的访问转化率。

3. 配送费不能太高

相较于起送价、人均价，很多顾客对配送费更为敏感。这是因为顾客想完成的只是"吃饭"这个动作，起送价和人均价包含在"吃饭"中，但是配送费是另外加的。

如果配送费太高，尤其是配送费占人均价的比值太高，会让顾客们觉得不值得，从而放弃进店点餐。

想要吸引顾客们进店，自配送商家可以适当降低自己的配送费，非自配送商家可以参加营销活动，设置"减配送费"。

4. 丰富活动种类，但也别太多

想要吸引不同类型的新客老客，餐饮企业可以设置不同种类的活动。除了最常见的满减，还有折扣菜、代金券、新顾客立减××元等。如图10-14所示。

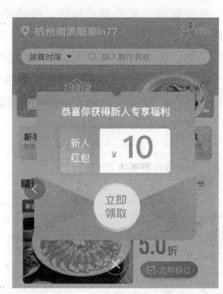

图10-14　店铺活动截图

> **小提示：**
>
> 餐饮企业不宜开设过多优惠活动，4个左右就足够了。因为过多的活动，文字介绍也会太多，顾客根本不会仔细去看，只会让他们觉得眼花缭乱，不明所以。

三、提升顾客下单转化率

下单转化率是指下单顾客数占进店顾客数的比值。如果店铺的下单转化率低，说明店铺的装修、菜单栏设计、评论管理等方面很可能出现问题。到底该如何吸引更多的顾客下单？可参考如图10-15所示的技巧。

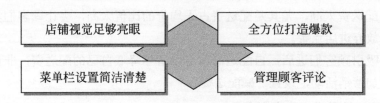

图10-15　提升顾客下单转化率的技巧

1.店铺视觉足够亮眼

随便翻翻几家品牌外卖店，哪怕不看店名，光看装修都能感受到它的品质。普通餐饮企业不是不能做到这些，他们能，因为外卖店装修和实体店装修比成本微乎其微，装修不好的店铺基本都是经营者个人意识问题。

在店铺装修中，最重要的是美食照片。照片是外卖店中唯一一个能直观感受食物的媒介，通过视觉刺激引发味觉刺激，它可以快速诱惑顾客下单。

好的菜品照片有如图10-16所示的3种拍摄法。

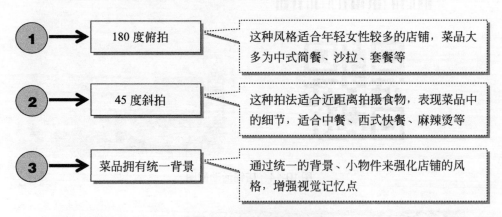

图10-16　菜品的拍摄方法

除了菜品图外，餐饮企业还需要重视店内海报。海报承担的不仅仅是引诱顾客流口水的作用，它还能做节日热点营销、新品上市宣传、套餐分类等功能。店铺最想主推的是什么菜？想做什么活动？就需要将这些重要信息通过视觉——也就是海报，向顾客传达出去。这种方法是最迅速明了的。

2.菜单栏设置简洁清楚

（1）控制菜单长度。外卖店的菜单栏绝对不能过长，最好控制在8个类目，40～50个菜。太长的菜单会让顾客陷入选择恐惧症，最终放弃点餐。

（2）规划菜单栏目。除了常规的"热销""折扣"，剩下的菜单栏可以按照招牌菜、主食、套餐、小菜、酒水饮料等大类来划分。如图10-17所示。

图10-17 菜单栏分类截图

> **小提示：**
>
> 要像管理军队一样规划好店中的菜品，将它们放入最合适的类目，并把最重要的菜品放到最前面。这样菜单栏清晰明了，方便顾客查找。

（3）菜单栏名称最好为4个字。很多热门外卖店的菜品栏总是一溜排的4字名称，这不是因为大家都喜欢四字词语，而是因为一旦超过4个字，多的字会出现在第二行，显得很不整齐。

餐饮企业可以按照"两字形容词"+"两字品类名"的形式给菜单栏取名，比如"精致凉菜、精品杭菜、经典川菜"，这种写法规范感很强，又不会显得过于干巴巴。如图10-18所示。

图10-18 菜单栏4字名称

3. 全方位打造爆款

爆款菜品是一家外卖店的吸金石。顾客们总是"懒"的,他们"懒"得思考,"懒"得选择,又害怕吃亏,所以打造一款在价格和味道上都有吸引力的主推菜十分有必要。爆款菜必须和店铺的主营品类一致(这是为了增加被搜到的概率)。

比如,冒菜店里的爆款菜可以是"毛血旺冒菜套餐"。当顾客点击进入店铺后,看到店铺招牌上的第一位是这道菜,店铺海报有这道菜,菜单第一位还是这道菜,在这种氛围下,顾客自然会觉得"哦,这道菜是这家店最牛的,我也应该试试"。

> **小提示:**
>
> 打造爆款菜,特别是爆款套餐,本质上是减少顾客选择的难度,能有效拉高下单转化率。

4. 管理顾客评论

对普通顾客来说,只要外卖店的评分不低于4分,其实不会觉得4.1与4.7之间有太大差别。但是,顾客对描述详细的一星差评(特别是带图的)很敏感,如果餐饮企业不对差评进行回复，会影响下单转化率。

想要降低过往差评对其他顾客的影响，在回复中需要做到如图10-19所示的5点。

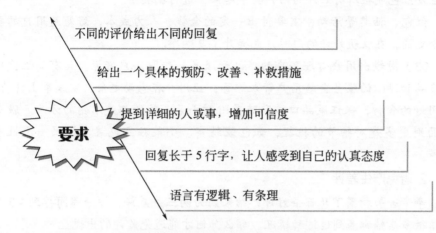

图 10-19　回复顾客差评应达到的要求

如何做好评价管理

用户评价，成为外卖店铺整体产品、服务质量的呈现，不仅在很大程度上决定着新用户是否进店，对店铺排名也有很大影响。管理外卖评论，是外卖店铺的一项重要工作。引导用户好评、避免产生差评、评价回复技巧这三个方面，是评价管理的三个重要维度。

1. 引导用户好评

外卖用户精力有限，而且白领一族变得"越来越懒"，顾客很少会评价菜品，更多的是对餐品不满意，才想起来评价。我们如何才能调动用户积极性，让他们主动评价？

（1）通过媒介提示顾客评价。在平台介绍或随餐附赠的餐垫纸中，增加引导用户评价的内容，提醒用户做出评价，或采取群发短信等方式，提示用户做出评价。

如果产品和服务能获得用户的认可，那就有较高的概率获得好评。

（2）通过许诺红包、返券、抽奖等利益，吸引用户评价。设置小额代金券，定向发送给五星好评的用户，并在外卖平台展示信息，提示用户好评返券。如果店铺有微信群,还可以有更多玩法,比如定期让用户在群里晒好评,群主发红包或把所有好评的用户集中起来,进行抽奖。

红包、抽奖等活动,需要付出一定的金钱、人力成本,好处是用户的黏性会更高,在收获好评的同时,也提升了复购率。

(3)用超出用户心理预期的产品和服务,争取用户好评。具有高性价比的产品和贴心的服务会给用户带来惊喜,让用户在感动之余,默默奉上评价。使用好的食材,保证菜品口味和随餐附赠小菜、软饮都是不错的方法。服务方面则更多是对细节的把握,如包装结实、小菜独立包装、提供一次性手套等。

2.避免产生差评

辛辛苦苦积攒了几百条好评,结果因为两三条差评,评分瞬间掉到4.5?相信很多店铺都遇到过这种情况。那么如何才能避免差评的出现?

(1)留下店家信息。完善的客服体系、细心的引导,能够将差评扼杀在摇篮里。在外卖平台上留下客服电话、微信等信息,提示用户一旦有问题可联系客服解决,客服方面在接到用户投诉后快速地处理问题,与顾客协商一致,避免差评的产生。适当地示弱,也会让用户谨慎给出差评。

(2)提前沟通。对于店面的一些突发情况,提前沟通是非常有必要的。如顾客点的菜品卖完了、送餐员取餐迟到等,一定要马上打电话告知顾客,表示歉意并给予补偿,争取获得顾客谅解。

(3)对症下药。但如果是差评已经出现,就要了解差评出现的原因,对症下药。统计平台用户差评的原因,出现频率比较高的包括以下3个方面。

——不新鲜、有杂物、分量不足——产品因素。

——不看备注、餐品送错或缺少、餐具缺少——服务因素。

——配送慢、食物撒漏——配送因素。

除了这些,还有一些莫名其妙的恶意评价。比如,客人说她是过敏体质不能吃辣,过敏了……商家也表示很郁闷:"不明白不能吃辣,为啥要点辣的,过敏跟我有什么关系?过敏又不是中毒……";"备注说肥肠面多加汤没给他加",然而商家并没有肥肠面等。当然,还有一些评价可能来自竞争对手。

但是,有一些差评确实是因为商家自己做得不够好,所以在差评出现的时候,第一时间要先找出不足之处,可以的话,还需要跟给差评的顾客沟通一下。

如果是因为店铺原因产生的差评，客服人员要第一时间赔礼道歉，并且给予反馈，做好安抚工作，争取让顾客修改或删除评价，不过由于平台评价有规定期限，如饿了么是7天，所以要在顾客的评价期限内解决。

（4）加强品控。商家对于差评要进行反思，特别是某个经常出现差评的因素。差评在一定程度上反映出了店铺管理方面的问题，所以要针对顾客差评的内容做出改善。如下图所示。

经常出现的差评

如果是产品存在问题，要加强品控和出餐时的检查，产品分量备注清楚，给出点餐建议；如果是服务方面，则要加强人员培训，比如可以通过赏罚制度避免类似事件的发生。

（5）解决配送问题。对于配送方面，采取平台配送的外卖老板可能会表示不愿"背锅"。因为无法控制配送时间，特别是遇上配送高峰、恶劣天气，外卖骑手不接单，店铺干着急也没办法。但当配送延迟发生时，外卖用户很容易连带着责怪商家，给出差评。

商家不能将责任一股脑推给平台，而是想办法通过缩小配送范围、采取商家自配送等措施，解决特殊时间配送慢的问题。对待顾客，则要先道歉安抚，再告知这是骑手方面的问题，并保证以后会尽量准时送达。如下图所示。

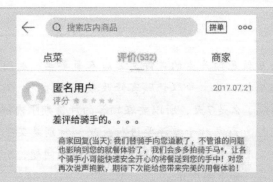

商家要耐心回复

（6）改善包装。至于食物撒漏，可通过改善包装、改变餐品摆放位置、给汤类裹上保鲜膜等措施来改善。

对于恶意差评，店铺可以搜集证据，联系平台客服解决，但是千万不要在回复中谩骂，这样会给用户造成不好的印象，应该条理清晰地指出对方言辞不当之处，博取其他用户的同情。

3.评价回复技巧

很多经营者都有一个认知误区：只有差评才需要回复评价。其实，评价回复会影响店铺评分，进而影响排名，用好评价回复，还能达到和用户有效互动、宣传品牌的效果。所以，无论是好评还是差评，都应当天给予回复。那么，评价回复有哪些技巧？

（1）及时地回复评价。想要更加及时地回复评价？那就少不了回复模板。店铺应针对好评、差评等不同情况，及用户评价中经常出现的问题，整理一套回复的话术。

对好评表示感谢，差评的表示抱歉，留下联系方式。比如，客人备注了不辣，但是收到的却是辣菜，这确实是商家做得不对，所以商家要在第一时间表达歉意，找出自己的不足之处，有则改之无则加勉。

（2）评论区可用作广告宣传。如果用户对某款产品表示满意，店家在表示感谢的同时，还可以告知用户产品是独家秘方或经过复杂的工艺制作的，或者借机宣传店铺同类其他产品。如左图所示。

评论区的广告宣传

总之，外卖评价对于外卖店铺来说，是一个重要的维度。店铺想要得到五星评价，吸引新用户下单，并得到更高的排名，就需要对评论进行管理。通过以上三大核心技巧，店铺能够有效地改善评价，成为高分店铺。

四、提升顾客客单价

客单价是指每一个顾客平均消费的金额，客单价也即是平均交易金额。餐厅的销售额是由客单价和顾客数（客流量）所决定的，因此，要提升餐厅的销售额，除了尽可能多地吸引进店客流，增加顾客交易次数外，提高客单价也是非常重要的途径。具体方法如图10-20所示。

方法一　设计热销品类

将爆款产品和爆款配套产品贴近排放，可以有效提升顾客客单价

方法二　减少同类型同价位非爆款产品

有些店铺为了方便顾客选择，将同价位不同产品放置很多，这样会严重降低客单价，因为其忽略了外卖客户意见领袖对下单的影响力

方法三　设置套餐选项

为顾客提前规划好套餐内容，一次下单直接购买套餐，比如肉夹馍、凉皮、稀饭套餐，原价 20 元，套餐价 18 元，这将有效提升客单价

方法四　为高利润产品加上图片标签

上传菜品图片的时候是可以自己编辑的，为高利润产品标记上菜品标签，如推荐等，可以有效提升店面意愿产品的销量

图 10-20　提升顾客客单价

餐品组合出售的原则

1. 套餐价格不低于单品总价格的80%

套餐价格一定要比单品总价低,这是最为基本的,但是却不能低太多,一是因为利润会过低,二是因为太低的价格会让只买单品的人感觉不愉悦。

根据统计,肯德基大部分套餐的价格都是单品总价格的84.4%,因此,建议套餐的价格不低于单品总价格的80%。

2. 搭配单品不宜过多

作为套餐,其主要作用除了提升客单价外,就是让顾客能拥有更好的餐饮体验,所以套餐内的单品不宜过多,因为过多的单品让顾客感觉没有必要,因此不想去点。

餐饮店一定要给顾客带来"这个套餐是为了我好"这种印象和感觉。一般的单人套餐内的单品在3～4种为最佳。

3. 搭配单品不冲突

我们去肯德基店里可以发现,没有一份单人套餐是带有两个汉堡或两杯饮品的,同理在面馆内,也不可能出现一份单人套餐有两碗面。

套餐内的单品之间不能冲突,要能互补,否则顾客就失去了点套餐的意义,除非真的有人想自己吃两碗面。

4. 不要把最火热的单品组合在一起

有些餐饮店老板会把卖得最火的几种单品组合在一起出售,殊不知这样会少赚很多钱。因为这些单品非常好吃,你不管做不做成套餐,顾客都会去点。

所以,最好的做法应该是:把最火的某个单品和普通单品进行组合出售,这样,顾客很可能在点完这个套餐后,还会去点其他火爆的单品。

五、提升顾客复购率

复购率是指消费者对该品牌产品或者服务的重复购买次数,重复购买率越多,则反映出消费者对品牌的忠诚度就越高,反之则越低。对于餐饮企业来说,拉新并不是什么难事,只要做一些活动,就可以获得不少的客户,难就难在如何去留住这些新客户，引导他们的第二次消费，甚至是第三次、第四次，因此，提高复购率才是企业运营的难点。具体来说，顾客复购率提升办法如图10-21所示。

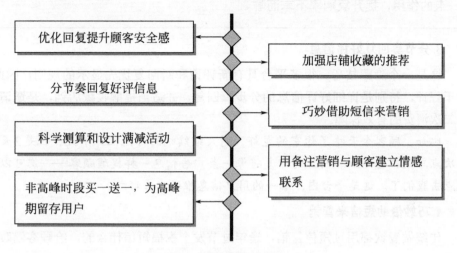

图10-21　顾客复购率提升办法

1.优化回复提升顾客安全感

很多店铺并不关注顾客回复，认为购买过了就不需要好好回复，只设置机械的回复话术，让顾客始终感觉在和机器人自动回复对话，感觉店家不够用心。好的回复话术应该至少向如图10-22所示的3个目标努力。

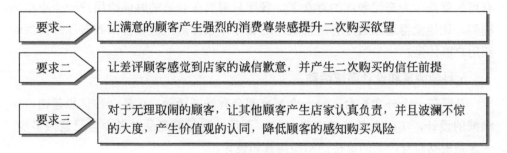

图10-22　好的回复话术要求

2.加强店铺收藏的推荐

我们都知道平台是一个逐利的战场，新店、品牌推荐等曝光手法层出不穷，让顾客轻易地找到我们唯一可以凭借的就是店铺收藏率，那么回复内容中、活动推介中都可以大力度加强店铺收藏的推荐环节。

> **小提示：**
> 从线下店的角度来说，网络平台的店铺收藏甚至可以媲美店面会员卡的作用，提升复购率不言而喻。

3. 分节奏回复好评信息

这是一个隐藏技巧。很多平台具有新评论和新回复优先显示的规则，因此，对于好评，特别是详细好评信息的分步骤回复，并适当提醒收藏店铺，是邀请顾客二次消费的有效保障。

比如，顾客今天吃了你家的龙虾，明天继续吃的可能性并不大，但是2天后二次点单概率会增加。而你的回复将像一条广告信息一样提醒顾客——您可以再次点击我们了。这是平台内，唯一的用户信息推送广告形式。

4. 巧妙借助短信来营销

传统做餐饮都用过短信营销，逢年过节发个祝福短信什么的，给顾客温暖和关怀。

某餐厅曾经做过一次短信营销，用很低的成本，达到15%转化率。怎么操作的呢？就是给曾经在店内点过餐的顾客发短信，再点单的时候只要备注写上"隐形的翅膀"，就可以免费获赠一个鸡腿，活动持续一周。当时给800多个人发短信，一共回来118单复购，甚至有超过60%的用户点单两次以上。

实际上很多时候用户不选择这家餐厅，不是因为餐厅有问题或是菜品不好吃，有可能就是因为忘记餐厅的存在了，餐厅只需要在合适的时候给用户一个小小的提醒，让他觉得这家餐厅有趣好玩，对餐厅印象深刻，他就会回到餐厅的常规购买用户群体里。

5. 科学测算和设计满减活动

几乎每一个外卖平台、每一个商家都会有满减活动，这是一种优惠营销。但满减的设计，实际上是非常有学问的，不是拍脑门看竞品做多少自己就做多少，一定是根据自身产品的价格结构做测算和设计。

某餐厅新店开业时，同品类商家的满减各种各样都有，10减5、25减10、30减18、40减20等。这个外卖店的满减设计最低就是30这个档，因为设计在什么档位用户就会重点点击什么档位。

如果设在25这个档，第一利润空间会变小，第二现金流会变小，最重要的是，一份麻辣香锅，用户在25这个档可能会吃不饱，那么下次他可能就不会点了。30这个档再加上满减，用户其实不会多花几块钱，却可以吃得很好。

外卖满减虽然看起来是很简单的优惠营销，但每一个设计的背后，对用户行为会有什么影响、自己的毛利空间是多少，都要根据自己的情况去测算。盲目模仿竞品的后果就是，赔本还不赚吆喝。

6. 用备注营销与顾客建立情感联系

用户点外卖都是通过手机，由外卖员把餐送到用户手中，可以说用户跟商家之间没有任何直接的沟通，冷冰冰的。如果用户不能跟你的餐厅建立情感联系，你在他的记忆里没有留存，怎么会复购你的产品呢？那么，外卖商家应该怎么与顾客建立情感联系呢？某外卖店的做法是，给员工放权，让员工可以有权力给顾客赠送多少元之下的东西，有了这个权力之后，员工就可以非常大胆地在外卖单的备注栏写字。

某餐厅有一次接到一个订单，顾客点了一百多块钱的菜，但是只点了一份米饭，员工直接写了"看你点了这么多菜，怕你不够吃，再多送你一盒米饭"。这样当顾客看到这些文字，看到餐厅多送的一盒米饭，他是有一种温暖感的，下次再点这家的可能性就大大增加。

7. 非高峰时段买一送一，为高峰期留存用户

一般外卖订单都会集中在中午，那么怎么利用下午2点到4点这段单量比较少的时间呢？举例如下。

比如，某餐厅在这个时间段对部分食材做买一送一的活动，用户进入店铺首页就能看见这个活动。因为用户在这个时间看到买一送一可能会关注或者下单，虽然一开始是为了优惠下单，自己的成本也高了一些，但了解到口味之后，觉得还不错，就有可能下午或晚上继续点。